NA CENA DO CRIME

RICARDO SALADA

NA CENA DO CRIME

POR TRÁS DA FITA AMARELA

Principis

Esta é uma publicação Principis, selo exclusivo da Ciranda Cultural.

Texto
© Ricardo Salada

Editora
Michele de Souza Barbosa

Consultoria e organização:
Eduardo Morales

Preparação de textos:
Isabela Barros, Eliel Silveira Cunha

Produção editorial
Ciranda Cultural

Diagramação
Linea Editora

Revisão
Fernanda R. Braga Simon

Design de capa
Laerte Silvino

Dados Internacionais de Catalogação na Publicação (CIP) de acordo com ISBD

S161n Salada, Ricardo

Na cena do crime - Por trás da fita amarela / Ricardo Salada. – Jandira, SP : Principis, 2025.
224 p. ; 15,5cm x 22,6cm.

ISBN: 978-65-5097-289-9

1. Literatura brasileira. 2. Não ficção. 3. Crimes reais. 4. Perícia. 5. Investigação. 6. Bastidores. 7. Brasil. 8. Morte. 9. Ciência forense. I. Título.

2025-3743 CDD 869.8992
CDU 821.134.3(81)

Elaborado por Vagner Rodolfo da Silva - CRB-8/9410

Índice para catálogo sistemático:
1. Literatura brasileira 869.8992
2. Literatura brasileira 821.134.3(81)

1ª edição em 2025
www.cirandacultural.com.br

Este livro é dedicado a todos os que buscam, com seriedade, a verdade dos fatos, mesmo quando ela se esconde sob o silêncio, o caos ou a dor.

SUMÁRIO

AGRADECIMENTOS

Escrever este livro foi, ao mesmo tempo, um exercício de memória, técnica e humanidade.

Agradeço, em primeiro lugar, às vítimas e suas famílias, que, mesmo nos momentos mais difíceis, permitiram que a Justiça seguisse seu curso. São histórias que moldaram minha trajetória profissional e que jamais esquecerei.

Agradeço à Mayara Salada pela paciência diante das ausências e pela força silenciosa que sempre esteve ao meu lado.

Aos colegas da Polícia Civil, que caminharam comigo ao longo de tantas investigações, meus parceiros de cena, de laudo e de reflexão. Aos peritos, policiais, investigadores, fotógrafos, papiloscopistas e delegados com quem compartilhei noites em claro, desafios técnicos e o compromisso com a verdade. O meu muito obrigado ao perito Ermindo Lopes Filho.

Na Superintendência da Polícia Técnico-Científica, que unifica o Instituto de Criminalística e o Instituto Médico-Legal, registro meu agradecimento aos profissionais que contribuíram diretamente para que este trabalho fosse possível.

À Maria – minha gratidão por ser canal de luz, acolhimento e firmeza em minha jornada. E com profundo respeito agradeço à presença vibrante de E.M. "Bonzinho", que por meio de sua força irreverente, sábia e protetora, iluminou meu caminho e me fortaleceu na construção deste trabalho. Que sua energia siga abrindo caminhos, desatando-nos e lembrando, com alegria e coragem, que a verdade também pode ser leve. A ele, meu respeito. A ela, meu afeto.

Agradeço imensamente ao Antonio Peyri, por sua generosidade e contribuição. E, por fim, minha profunda gratidão a todos os que acreditaram neste projeto editorial. Em especial ao jornalista investigativo Eduardo Morales, organizador desta obra, por me encorajar a dar voz a esses casos e transformar minha trajetória em legado.

PREFÁCIO

Escrever este livro foi, antes de tudo, um gesto de retorno. Depois de décadas atuando na perícia criminal, senti a necessidade de registrar não apenas os casos marcantes que presenciei, mas também os bastidores humanos, técnicos e emocionais que moldam o trabalho de um perito. A profissão me transformou profundamente, e chegou o momento de compartilhar o que aprendi com quem sonha seguir esse caminho e com quem apenas deseja entender o que se passa por trás da cena do crime.

O que me motivou a escrever não foi apenas o desejo de contar histórias, mas a vontade de deixar um legado. Existe um grande desconhecimento sobre a verdadeira rotina da perícia criminal. A imagem difundida por filmes e séries, embora sedutora, muitas vezes ignora a realidade: o improviso, os limites, o desgaste emocional, a importância do trabalho em equipe e, sobretudo, a responsabilidade imensa que recai sobre quem interpreta vestígios. Este livro pretende mostrar, com franqueza e respeito, como as coisas realmente acontecem. Sem *glamour*, mas com sentido.

Também escrevo porque acredito na transmissão de conhecimento como ferramenta de transformação. Muitos dos aprendizados que trago aqui não estão nos manuais ou nos cursos, mas nas experiências vividas, nos erros cometidos e nas lições que só o tempo ensina. Compartilhá-los é uma forma de contribuir com a formação de novos profissionais e com o fortalecimento da cultura pericial no Brasil.

Por fim, há um motivo íntimo: preservar a memória de um ofício que se faz, em grande parte, no silêncio. O perito quase nunca aparece. Seu nome raramente vai aos jornais. Mas seu trabalho está lá, sustentando investigações, evitando injustiças, reconstruindo verdades com base no que muitos não conseguem mais enxergar. Escrevo, portanto, para dar voz a esse silêncio – e, quem sabe, permitir que ele inspire novos caminhos.

A minha entrada na perícia criminal foi uma busca pessoal. Durante anos procurei um propósito que fosse além do cumprimento de metas e da rotina mecânica de trabalho. Sempre admirei a ciência e seu poder de transformar dúvidas em evidências, e foi esse fascínio que, pouco a pouco, me conduziu ao universo da criminalística.

Minha trajetória até a perícia não começou com uma vocação clara desde a juventude. Pelo contrário: percorri caminhos diversos, acumulei experiências em áreas distintas e, por muito tempo, me senti deslocado, como alguém que tinha as ferramentas certas, mas ainda não havia encontrado o lugar onde pudesse aplicá-las com sentido.

Quando conheci o trabalho de um perito criminal, percebi, com clareza, que ali havia algo que unia conhecimento técnico, responsabilidade social e um alto grau de impacto real.

A ideia de contribuir com a justiça não apenas me atraiu, ela me inquietou. Saber que, por meio de análises laboratoriais, interpretação de vestígios ou reconstituições técnicas, seria possível dar voz à verdade dos fatos tornou-se um impulso. Decidi prestar o concurso público e mergulhei na preparação com foco absoluto. A aprovação foi apenas um marco, mas também o início de uma transformação pessoal.

Desde o primeiro dia como perito criminal, entendi que essa profissão exige mais que domínio técnico. Ela exige ética, controle emocional, curiosidade permanente e uma atenção obsessiva aos detalhes. Cada cena de crime é um quebra-cabeça diferente, traduzível apenas naquele caso. Cada vestígio é uma história esperando para ser lida, compreendida e traduzida para o processo judicial.

Ao longo dos anos atuei em casos simples e complexos, rotineiros e emblemáticos. Em todos eles vi como a perícia pode esclarecer dúvidas, evitar injustiças e, principalmente, proteger vidas por meio do conhecimento.

Este livro nasce do desejo de compartilhar essas experiências com você, leitor e leitora, e de descortinar os bastidores dessa profissão essencial.

INTRODUÇÃO

Entre os profissionais que atuam nos bastidores da justiça, o perito criminal tem um papel essencial. É ele quem transforma vestígios em provas e indícios em conclusões técnicas, sempre com base em método científico. Seu trabalho esclarece crimes, evita condenações injustas e dá voz aos fatos quando versões se contradizem.

A função do perito começa no atendimento ao local do crime. Ao chegar na área onde serão realizados os trabalhos, ele isola a área, documenta tudo em fotos, faz medições e examina cada detalhe com cuidado. Coleta tudo que possa esclarecer o caso: manchas de sangue, arma do crime, impressões digitais, fragmentos, documentos danificados, resíduos. Cada cena é única – cada vestígio pode ser a chave para entender o que aconteceu.

Mas o trabalho não acaba ali. Muitas vezes o perito leva o material para o laboratório. Ali faz análises químicas, biológicas, balísticas, de impressões digitais, DNA, falsificações, reconstrução de acidentes e o que mais for necessário. Tudo isso vira um laudo pericial – um documento técnico, minucioso, que serve como prova no processo. Em tribunal, o perito pode ser chamado a depor como testemunha técnica para explicar os resultados e a dinâmica dos fatos.

Cada perito atua em uma área específica, de acordo com sua formação: balística, genética, informática, contabilidade, toxicologia, engenharia legal, incêndios, acidentes de trânsito, entre outras. O curso superior varia conforme o edital do concurso: pode ser Biologia, Química, Física, Medicina, Engenharia, Farmácia, Computação, Direito.

Além de conhecimento técnico, o perito precisa ter ética, atenção extrema aos detalhes, raciocínio lógico e controle emocional. Muitas vezes trabalha em cenas violentas, complexas e com forte carga emocional. Não julga, não escolhe lados: trabalha em cima de evidências. Seu compromisso é com a verdade técnica, fundamentada, que sustenta todo o sistema de justiça.

O dia a dia é dinâmico e exige jogo de cintura. Você pode sair de um local de homicídio, atender um acidente de trânsito, depois ser chamado para uma explosão ou um caso de incêndio. Às vezes passa horas na rua, outras vezes vira a noite analisando material em laboratório. Em todo momento, o foco é o mesmo: transformar vestígio em resposta.

CAPÍTULO 1

NASCE UM PERITO

Minha entrada na perícia criminal começou com sangue, literalmente. Fui direto para a divisão de homicídios. Ali, cada ocorrência era atendida por uma equipe multidisciplinar: perito, fotógrafo, papiloscopista, investigadores, escrivão e delegado. Juntos, formávamos a linha de frente da investigação inicial. Era intenso. Era real. E, para mim, era o início de uma nova forma de ver o mundo.

Desde o começo, entendi que não bastava apenas observar uma cena: era preciso saber descrevê-la com precisão e respeito. O laudo pericial não é um simples relatório: é uma ponte entre a ciência e a justiça. E essa ponte precisa ser clara, firme e acessível. Não posso usar termos banais nem jargões que exijam um novo perito para traduzir.

Lembro-me de um caso marcante: o assassinato dos pais de Suzane von Richthofen. A mãe dela tinha uma toalha empurrada contra a boca. Não bastava escrever "socada" ou "enfiada"; seria vulgar. Usei o termo "engranzada", técnico, porém compreensível, que carrega o peso do ato sem desrespeitar a vítima. O mesmo vale para alguém jogado pela janela: o termo correto é "defenestrado". Mãos amarradas? Escrevo "manietadas". Porque o vocabulário importa, e muito.

O desafio é encontrar o equilíbrio: escrever de forma técnica, mas compreensível para leigos. Afinal, no tribunal do júri quem julga é o povo. E meu dever como perito é fazer com que qualquer cidadão, mesmo sem formação jurídica, consiga entender o que aconteceu. A perícia, para mim, é isso: dar forma à verdade com rigor, humanidade e linguagem acessível.

Na perícia criminal, o conhecimento técnico é essencial, mas ele nunca é suficiente por si só. A constante atualização é parte do ofício. Dentro da Polícia Civil, surgem cursos sobre investigação, interrogatório, linguagem corporal e tantos outros aspectos da prática policial. Alguns veem esses treinamentos como opcionais. Eu os vejo como o mínimo.

A perícia exige um profissional que não apenas domine a tecnologia mas saiba quando e por que usá-la. Um software ou aparelho de última geração será inútil se o perito não tiver raciocínio analítico. Um tiro disparado durante uma perseguição pode revelar mais do que parece: a trajetória do projétil, o posicionamento do veículo, o provável autor do disparo. Mas só se o perito souber fazer as perguntas certas. E isso não se aprende só nos manuais, aprende-se vivendo.

Existe também algo que chamamos de "tirocínio", uma forma de intuição treinada. Você entra em uma cena e algo parece errado. Não é visível. Não é objetivo. Mas está no ar. E esse incômodo é o primeiro sinal de que há mais para descobrir. É quando você se torna ainda mais atento, porque o que está faltando talvez seja justamente o que resolverá o caso.

No trabalho pericial, minha mente está sempre aberta: recebo, cruzo, confronto informações de todos os lados. Para outras coisas da vida, sou teimoso, confesso. Mas, quando o assunto é perícia, absorvo tudo. Porque nesse ofício quem para de aprender começa a errar.

Ser perito criminal é mais que ocupar um cargo: é assumir um modo de vida. A dedicação precisa ser integral, e o comprometimento vai além do expediente. É uma carreira de abdicação. Quando você se torna policial, você é policial vinte e quatro horas por dia.

A lei não permite meio-termo: devo portar minha arma, distintivo, algemas e identificação funcional o tempo todo. E, se me deparo com um crime, não posso ignorar. Tenho a obrigação legal de intervir. É o dever do cargo. Diferentemente do cidadão comum, que pode agir ou não, o policial não tem escolha.

No começo, meus primeiros atendimentos foram relativamente simples, pelo menos no que diz respeito ao impacto visual. Um disparo na cabeça, uma pequena perfuração, um rastro de sangue no asfalto. A cena era silenciosa, mas o peso do que havia acontecido já deixava claro o tipo de realidade que eu passaria a enfrentar.

Naquele estágio, acompanhado por peritos experientes, aprendi que cada observação conta, cada detalhe deve ser registrado com precisão.

O plantão pericial é contínuo. Escalas são organizadas mês a mês, com alguma flexibilidade, mas o trabalho nunca para. Mesmo fora das ruas, há laudos a serem produzidos, e muitos.

A vida policial ensina e cobra. Em um mesmo dia você pode estar em uma casa simples, em uma comunidade vulnerável, e mais tarde pode estar em um bairro nobre. A desigualdade salta aos olhos. Mas o que fica é a certeza de que na morte todos são iguais. E no trabalho pericial, também devem ser.

No Departamento de Homicídios e de Proteção à Pessoa, os peritos precisam ter mais que conhecimento técnico. Precisam de experiência, foco e treinamento contínuo. A perícia criminal, nesse contexto, exige um tipo de sensibilidade que só o tempo e o campo proporcionam: o olhar treinado para aquilo que pode se transformar em prova.

Não se trata de ser mais ou menos capaz, mas de estar preparado. A prática constante desenvolve o instinto investigativo, a agilidade diante da cena do crime, a capacidade de interpretar vestígios e conectar detalhes.

O DHPP é organizado em doze equipes fixas, além de grupos específicos, como o de crimes contra menores (ECA) e o de chacinas. Cada equipe atua em uma área geográfica determinada, e isso é regra. Se um crime ocorre no Capão Redondo, por exemplo, será a equipe responsável por aquela região que fará a investigação. Não existe essa de "escolher caso".

Em situações excepcionais – como um crime em outra cidade –, o DHPP pode ser acionado para prestar apoio. Nesse caso, quem responde é a equipe de plantão no momento. Se surgirem outras ocorrências simultaneamente em São Paulo, uma nova equipe será montada para atendê-las. A decisão sobre quem vai a campo nunca é do delegado da equipe, mas, sim, do diretor do departamento. Essa organização garante que todos saibam seu lugar.

O Departamento de Homicídios e de Proteção à Pessoa (DHPP) lida com crimes que exigem uma atenção especial: homicídios de autoria desconhecida, desaparecimentos, maus-tratos, pedofilia. A parte da "proteção à pessoa" é, na prática, tão complexa quanto os crimes contra a vida. Muitas vezes o caso começa em uma delegacia comum, mas, quando a investigação empaca, ele é repassado ao DHPP. Às vezes, meses depois do crime.

No local de um homicídio, a atuação é minuciosa e coletiva. A cena é preservada, e uma equipe multidisciplinar entra em ação: investigadores, delegado, fotógrafo, papiloscopista e o perito criminal. Cada um tem uma função clara. O perito coleta e exibe os vestígios – uma faca, projéteis, uma chave de fenda –, o delegado apreende. Tudo documentado, com registro no boletim de ocorrência.

Se o objeto não tem relação direta com o crime, um termo de arrecadação é feito. Se tem, entra na cadeia de custódia da prova. E ela precisa ser rígida: uma embalagem malfeita pode comprometer toda uma investigação. Por isso, hoje usamos lacres de segurança invioláveis. Caso um exame exija a abertura, um novo lacre é aplicado, e tudo é registrado: o motivo da abertura, quem fez, o que foi feito e como foi reembalado.

O material fica sob responsabilidade da equipe de investigação, que o guarda e o encaminha ao fórum ou a núcleos especializados. Peguei um projétil? Vai para a Polícia Civil, que encaminha ao Instituto de Criminalística. Lá ele será analisado por um núcleo de balística: peso, calibre, confronto com arma suspeita. Tudo documentado, com cada etapa detalhada: da embalagem original à que sai do laboratório.

Já o laudo pericial, esse, sim, é meu. E o prazo legal para entregá-lo é de apenas dez dias corridos. Um tempo exíguo, considerando-se que nenhum inquérito se resolve tão rápido. Há a possibilidade de pedir dilatação de prazo, caso o tempo não seja hábil, o que nem sempre é possível. É preciso debruçar no material e trabalhar arduamente.

Ser perito no DHPP não é só lidar com morte. É lidar com o tempo, com a urgência, com o peso da verdade que precisa ser escrita. Com precisão, cautela e consciência.

Quando eu era um novato no DHPP – "calça branca"[1] –, passei pelo estágio prático, acompanhando peritos veteranos. Foram cinco, seis meses lado a lado, aprendendo na rua, observando a dinâmica, os cuidados, o funcionamento da engrenagem. A Academia de Polícia fornecia o teórico. O verdadeiro aprendizado acontecia no campo.

[1] Gíria que designa profissionais recentes, que ainda não sujaram as roupas em perícias. (N.A.)

Naquela época a tecnologia ainda engatinhava. Nada de celulares com câmeras, muito menos aplicativos. A comunicação era feita com bipes, e fotografar exigia filme revelado, caro e restrito. Tudo era na base da observação e da anotação.

O conceito de "corpo de delito" era, e continua sendo, central. Um corpo, um telefone, um objeto com vestígio: tudo pode ser prova. Por isso, isolar a cena é fundamental. Fala-se em local imediato, onde estão os corpos de delitos, e local mediato, onde pode conter vestígios do crime. Qualquer entrada indevida compromete o trabalho. Um simples lençol jogado sobre o corpo pode distorcer manchas de sangue importantes para a análise. Cobrir a vítima? Só depois de tudo registrado. Do contrário, a investigação já nasce prejudicada.

Observar é o cerne do trabalho. É ver além do óbvio: a posição do corpo, o estado das roupas, os vestígios nos móveis. Um quarto bagunçado pode ser apenas uma busca ou revelar um latrocínio por alguém que conhecia bem o local. O pé da vítima, limpo ou sujo, pode indicar se ela caminhou até ali ou se foi transportada. Uma gota de sangue, perdida no fundo de um *closet*, pode dizer exatamente onde o crime começou.

O caso do coronel Ubiratan ilustra bem isso. Eu vi a janela intacta e percebi que o projétil tinha de estar no cômodo. A janela fechada era a chave. Um sofá abaixo da janela chamou minha atenção: uma dobra no tecido destoava. Só depois de terminar o registro voltei, cortei o tecido, e lá estava o projétil, entre as espumas. A cena falava, era só saber escutar.

Perícia exige ritmo, método e cuidado. Muitos confiam demais nas câmeras digitais e se esquecem de anotar. Quando perdem os arquivos, perdem tudo. Anotar é garantir memória.

Foi esse hábito que me ajudou, por exemplo, no caso de Mércia Nakashima. O banco do carro estava tão adiantado que o assassino, um homem grande, nunca teria conseguido dirigir daquela forma. E ele jamais teria o raciocínio de empurrar o banco para a frente depois de cometer o crime. O subconsciente, naquela hora, age por instinto, e é nesses instintos que, muitas vezes, encontramos a verdade.

Preservar o local é preservar a verdade, é proteger o trabalho do perito. Cada toque não registrado vira dúvida. Cada pegada não explicada vira suspeita. Sem isso, tudo se desfaz, como uma prova contaminada que escapa entre os dedos.

Cada cena é única. Por isso, em vez de seguir um *checklist* rígido, o perito deve confiar em sua observação e experiência. A teoria sugere buscas em espiral ou por quadrantes, mas na prática é preciso observar o que a cena fala.

A recognição visuográfica é fundamental: um relatório com fotos, posição da vítima, ferimentos, objetos encontrados e observações do perito, que servirá como base para a equipe de investigação. A experiência também é essencial para estimar o tempo de morte, pois fatores como temperatura, tipo de ambiente, roupas e até medicação interferem no processo de decomposição. O perito precisa ser preciso. Os livros ensinam, dão base, mas a prática oferece o refinamento.

Peritos mais experientes, conhecidos como "Sexta Parte"[2], são fontes valiosas. Deveria haver uma equipe de veteranos para orientar os novatos, revisar o trabalho deles, para melhorar a qualidade técnica dos laudos, pois quanto mais tempo passa, mais correto e preciso se torna o perito.

A diligência, parte essencial do processo investigativo, também depende da vivência. Frequentemente é preciso estudar a vítima para entender a motivação do crime. Homicídios geralmente não são aleatórios. A motivação, o histórico da vítima e seus relacionamentos podem

[2] Quando o policial faz vinte anos de trabalho, ele recebe um acréscimo de um sexto no seu salário. Então quando se fala de um "sexta parte", isso significa que ele tem pelo menos vinte anos de trabalho, um profissional com muita experiência. (N.A.)

indicar suspeitos. Latrocínios, em contrapartida, exigem outro tipo de abordagem, pois não há relação entre autor e vítima.

Trabalhar com álibis é essencial, sobretudo na definição do tempo de morte da vítima. Isso porque o suspeito precisa justificar onde estava naquele período. Um exemplo emblemático é o caso Marísia von Richthofen. Quando questionado pela delegada Cíntia Tucunduva, estimei, com base na minha experiência, que ela e o marido haviam sido mortos entre vinte e duas horas e zero hora. A confirmação veio de um vigilante da rua.

Suzane e Daniel tentaram montar um álibi, apresentando até nota fiscal de motel. O argumento de Suzane foi "controle de despesas", o que era difícil de justificar, considerando-se a fortuna da família. Esse tipo de prova, embora legalmente válido, pode soar forçado ou incoerente, por isso deve ser analisado com atenção.

Mentiras, quando sustentadas, tornam-se parecidas com árvores: o tronco é a narrativa principal, que o mentiroso memoriza. Mas, à medida que perguntas surgem, ele precisa inventar ramificações para justificar os detalhes. E quanto mais galhos se criam, mais difícil fica manter a coerência.

A observação atenta do discurso, dos detalhes fornecidos e das contradições pode desmontar um álibi malconstruído. A experiência é essencial para perceber quando a mentira está se sustentando por fios frágeis.

A entrega de um laudo pericial nunca encerra completamente a atuação do perito. Mesmo após a conclusão do documento, o caso permanece sob sua responsabilidade. Em diversas situações, o processo segue para uma audiência de instrução, etapa fundamental na tramitação de crimes dolosos contra a vida.

A audiência de instrução ocorre na presença do réu (ou indiciado), do Ministério Público, do advogado de defesa e do juiz. Não se trata ainda de um julgamento, mas de uma análise preliminar, em que o magistrado avalia se existem elementos suficientes para submeter o acusado a júri popular. O juiz busca entender se há indícios de autoria e materialidade suficientes para justificar essa remessa.

Em casos emblemáticos, como o de Elize Matsunaga, fui convocado para prestar esclarecimentos durante essa fase. O mesmo se deu em uma ocorrência de resistência, em que um suspeito foi morto durante a ação policial. Após minha participação, o juiz, com base nas informações técnicas e jurídicas, entendeu que o agente havia agido dentro dos limites da legítima defesa, e o caso foi arquivado antes mesmo de ir a julgamento.

Nessas situações, é a perícia que subsidia a decisão do juiz sobre a natureza do homicídio: se foi doloso (com intenção de matar) ou se se enquadra nas excludentes de ilicitude – como a legítima defesa ou o estrito cumprimento do dever legal. Quando há comprovação desses elementos, o juiz pode decidir pela absolvição sumária do acusado, dispensando o júri popular. Do contrário, o caso segue para o tribunal do júri, conforme previsto para os crimes contra a vida.

No trabalho pericial, o perito responsável pelo plantão é quem comanda a cena. Outros podem ser acionados para apoio técnico, mas a titularidade da cena continua com quem estava de serviço. Não se transfere um caso por conveniência nem se substitui arbitrariamente o profissional encarregado. A lógica é simples: a equipe é enxuta, há pouca rotatividade, e todo perito deve estar apto a assumir qualquer tipo de ocorrência. Quando necessário, conta-se com apoio, mas não se terceiriza a responsabilidade.

Por ter sido o perito de muitos casos emblemáticos, fui chamado várias vezes para depor em júris – tanto pela acusação quanto pela defesa. Mas é importante esclarecer: o perito não é testemunha de nada. Ele é um técnico, convocado para oferecer esclarecimentos objetivos sobre fatos e evidências. Quando alguém diz "o perito é da defesa" ou "é da acusação", está usando o termo de forma equivocada. O perito é, ou deveria ser, sempre da verdade.

Quem requisita a presença do perito em juízo pode ser tanto o Ministério Público quanto o advogado de defesa. O que muda é o interesse por trás da convocação: alguém acredita que o laudo técnico pode ajudar a reforçar um argumento ou tentar desconstruí-lo. Mas o conteúdo permanece o mesmo.

Lembro-me de uma reprodução simulada que fiz em um caso em que o advogado de defesa tentou manipular a percepção do júri. O Ministério Público havia solicitado a diligência ao delegado, que então me requisitou. Durante o julgamento, o advogado insinuou que, como a iniciativa partiu da promotoria, meu trabalho seria tendencioso. Só que a simulação foi feita com base no relato do próprio réu, e ele foi acompanhado, inclusive, por uma advogada da defesa.

Ou seja, o perito apenas cumpre seu papel técnico, independentemente de quem o convoca. A verdade não muda conforme a parte que pede.

No trabalho pericial, o aprendizado nunca para. Cada cena de crime é única, com suas próprias peculiaridades e desafios. Por isso estamos sempre diante de situações inéditas que exigem mais que apenas a repetição de procedimentos; exigem análise, reflexão e atualização constante.

Não existe o perito que sabe tudo. Existe aquele que está em constante busca por conhecimento, que aprende com cada caso, que investiga novas formas de analisar vestígios, entender lesões, interpretar a dinâmica do sangue ou reconstruir os eventos com base nos sinais deixados no local.

Com o avanço da tecnologia, esse processo se intensifica. Um exemplo recente foi a aquisição, pela superintendência, de um escâner digital a *laser*, um dos mais modernos do mundo, com um *software* de ponta capaz de transformar cenas reais em ambientes virtuais. Com ele é possível reconstruir uma cena de crime, traçar trajetórias de disparo, visualizar os acontecimentos por diversos ângulos e até simular a dinâmica completa de um evento. Mas de nada adianta ter acesso a uma ferramenta poderosa como essa se não soubermos utilizá-la.

Conhecer o equipamento, dominar seus recursos e saber quando e como aplicá-lo é essencial. E isso só se conquista com estudo e prática. Por isso o perito precisa ser, acima de tudo, um eterno aprendiz. Não basta apenas acumular experiência; é preciso transformar essa vivência em conhecimento útil e atualizado.

Melhorar a forma como pensamos, aprofundar nossas análises, manter-nos abertos a novas ideias e tecnologias, tudo isso faz parte da evolução pericial. É um esforço coletivo, um compromisso diário com a excelência. Porque, no fundo, o perito nunca está pronto. Ele está sempre em construção.

A ROTINA DE UM PERITO

▶ Atendimento a Ocorrências

O perito é acionado para ir a locais onde ocorreram crimes – homicídios, furtos, acidentes, incêndios, entre outros. Pode ser a qualquer hora do dia ou da noite, já que crimes não têm hora marcada. A chegada ao local é o início do trabalho técnico.

▶ Inspeção e Coleta de Vestígios

No local, o perito faz uma análise minuciosa de tudo: objetos, marcas, resíduos, sangue, impressões digitais, armas, corpos, trajeto dos tiros, posição das vítimas, entre outros detalhes. Ele documenta tudo com fotos, anotações e vídeos, para garantir que nada se perca.

▶ Manutenção da Cadeia de Custódia

O perito cuida para que todos os vestígios coletados sejam embalados, lacrados e registrados com precisão, garantindo que não haja contaminação ou troca durante o processo. Isso é fundamental para que as provas sejam válidas no processo judicial.

▶ Análise em Laboratório

Depois da coleta, os vestígios são enviados para exames especializados, como balística, química, genética (DNA), toxicologia, entre outros. O perito pode acompanhar ou solicitar esses exames, dependendo da área de atuação.

▶ Produção de Laudos Técnicos

O perito elabora relatórios detalhados, explicando as evidências encontradas e as conclusões técnicas que podem ser tiradas. Esses laudos são documentos oficiais e servem para subsidiar investigações policiais e processos judiciais.

► Participação em Audiências e Julgamentos
Quando solicitado, o perito pode ser chamado para depor em tribunais, explicar os laudos e esclarecer dúvidas de juízes, advogados e promotores, sempre com base técnica e imparcialidade.

► Estudos e Atualização Constante
A perícia criminal está em constante evolução, com novas técnicas e tecnologias. O perito precisa se atualizar, participar de cursos e treinamentos para aprimorar seu trabalho.

► Trabalho em Equipe
O perito atua junto com delegados, investigadores, médicos-legistas, papiloscopistas e outros especialistas, formando uma rede que visa esclarecer os fatos com precisão.

► Pressão e Responsabilidade
É um trabalho que demanda muito cuidado e concentração, pois o resultado da perícia pode determinar a vida de pessoas – tanto vítimas quanto suspeitos. Além disso, o perito lida com cenas fortes, que exigem equilíbrio emocional.

► Rotina Variável e Imprevisível
Não há rotina fixa, pois as chamadas podem acontecer a qualquer momento. Alguns dias podem ser tranquilos, outros extremamente intensos e cansativos.

CAPÍTULO 2

CONCEITOS DE PERÍCIA

Neste capítulo vamos tratar de alguns dos principais conceitos da perícia criminal, ideias que orientam meu trabalho e que, muitas vezes, não são plenamente compreendidas fora do meio pericial.

No Brasil, o que define se um ato é crime ou não é o Código Penal. Ele descreve detalhadamente cada conduta considerada criminosa: por exemplo, o que caracteriza um arrombamento, uma invasão, um homicídio. Para que algo seja considerado crime, precisa estar previsto em lei antes de ser cometido.

Isso significa o seguinte: se o Código Penal ainda não define um ato como crime no momento em que ele é praticado, então não se pode punir quem o cometeu. Vamos imaginar um cenário hipotético: se matar alguém ainda não fosse considerado crime, e uma pessoa cometesse esse ato, ela não poderia ser responsabilizada legalmente, mesmo que, posteriormente, a lei fosse atualizada para incluir o homicídio como crime. A punição só vale para aquilo que já estava previsto em lei no momento da ação.

Esse é um dos fundamentos do nosso sistema jurídico e também uma das bases que guiam o trabalho da perícia criminal.

VIOLAÇÃO DE PROTOCOLOS EM CENAS DE CRIME

É raro encontrar uma cena de crime verdadeiramente preservada. O ideal seria que ninguém entrasse no local até a chegada da perícia, mas isso quase nunca acontece. Qualquer interferência, mesmo a mínima, compromete os vestígios e enfraquece a força probatória da investigação.

Já vivenciei situações absurdas. Em uma delas, o delegado, ao sair da cena, me informou: "A vítima levou um tiro nas costas". Mas o corpo estava deitado de costas. Como ele sabia disso? Simples: ele usou luvas e virou o corpo. Em outra ocasião, em uma chacina, encontrei policiais de várias divisões já dentro da casa, pegando objetos, manuseando tudo. Era impossível afirmar com precisão o que era vestígio e o que havia sido contaminado. A perícia, nesses casos, perde parte de seu valor.

Lembro-me também do caso do coronel Ubiratan. Quando cheguei ao apartamento, vi cerca de cinquenta pessoas em um espaço minúsculo. Após solicitar a evacuação, restaram doze. O impacto já estava feito. A sorte foi que a principal suspeita frequentava o local, então encontrar impressões digitais dela não alterava o rumo da investigação.

Há também a questão dos familiares. Por mais doloroso que seja, não é recomendável que entrem em cenas de crime. O estado emocional pode gerar reações imprevisíveis e comprometer o trabalho técnico. Em alguns casos, permitimos que acompanhem a distância, justamente para evitar mal-entendidos. Já houve ocasião em que um perito foi acusado de roubar uma caixa de charutos. A perícia fica sozinha na cena, e, se algo desaparece, a responsabilidade recai sobre ela. Por isso, sempre que policiais nos acompanham, oriento: "Mãos nos bolsos". É uma forma leve, mas clara de garantir que não toquem em nada. E quando alguém esquece, brinco: "Vamos sorrir para a foto!". É a maneira mais cordial de pedir que se afastem para a fotografia da cena.

Outro problema recorrente é o uso de mantas térmicas ou cobertores pelos socorristas. Em caso de vítimas vivas, elas ajudam a manter a temperatura corporal. Mas se a pessoa já está morta, o uso desse material pode alterar vestígios importantes, como manchas de sangue recentes. Idealmente, o corpo não deveria ser coberto até a chegada da perícia. Mas no Brasil há uma cultura de esconder a morte do olhar público, embora a curiosidade popular diga o contrário. Já vi feiras inteiras pararem para observar um corpo ser removido.

Mesmo o uso de sacos de cadáver deve ser cauteloso. Muitas vezes, roupas, sapatos e objetos pessoais são colocados junto ao corpo, e os familiares desejam reaver esses itens. Mas cada peça é um potencial vestígio e deve ser tratada como tal.

Preservar uma cena é preservar a verdade.

CROQUI E TESTEMUNHAS: OS MAPAS DA VERDADE

Em toda cena de crime, um dos primeiros registros visuais que o perito elabora é o croqui, um esboço básico do local. Trata-se de um desenho feito a mão, no próprio momento da perícia, que serve como guia para registrar a posição dos elementos mais relevantes: o corpo da vítima, uma arma, uma poça de sangue, uma bituca, o sofá onde ela estava sentada. O croqui é rápido, direto, funcional. Ele traduz em linhas simples a organização do espaço tal como foi encontrado.

Mas há casos em que o simples não basta. Quando a cena é complexa, envolve vários ambientes, múltiplos pontos de interesse ou pode gerar disputas jurídicas acirradas. É quando entra em cena o desenhista técnico. Esse profissional cria uma representação mais detalhada e precisa da cena do crime, utilizando escalas, medidas exatas e ângulos, com o objetivo de garantir um documento fiel, que possa ser analisado por qualquer especialista, mesmo muito tempo depois dos fatos.

O croqui feito pelo perito pode ser anexado ao laudo pericial e já tem grande valor. É especialmente útil em acidentes de trânsito, por exemplo, em que a posição dos veículos, as marcas de frenagem e a distância entre os pontos são capazes de definir a dinâmica do ocorrido. Mas, quando há necessidade de uma representação técnica mais sofisticada, como em crimes com repercussão, múltiplos disparos ou questionamentos sobre trajetórias e posições, o desenhista é acionado. Ele visita o local posteriormente, com hora marcada, já que não há plantonistas para essa função. Em casos de grande urgência, pode-se solicitar sua presença imediata, mas isso é raro.

Além do local exato do crime, o desenho técnico pode incluir mapas de localização: a distância entre a casa da vítima e o local onde o corpo foi encontrado, a posição do carro abandonado em relação à cena principal, ou mesmo a proximidade da residência de um suspeito. Tudo isso compõe um mosaico espacial que ajuda a montar o quebra-cabeça dos eventos.

Outro elemento essencial nesse cenário são as testemunhas. Muitas vezes, o perito observa pessoas próximas que parecem saber mais do que dizem. Se alguém demonstra interesse em falar ou se comporta de forma incomum, ele pode indicar ao delegado ou ao investigador que aquela pessoa merece ser ouvida. O perito, no entanto, não ouve formalmente testemunhas – essa é uma função da polícia judiciária. Mas ele reconhece, por experiência, quando alguém tem informações que podem alterar o rumo da investigação.

Na prática pericial, o desenho e a observação humana caminham juntos. Um croqui revela a posição de um corpo. Um depoimento pode revelar por que ele estava ali. Cada detalhe visual e cada silêncio contam uma parte da história. Cabe à perícia montar esse enredo com rigor técnico e sensibilidade investigativa.

QUESITOS DOS LAUDOS: DECIFRANDO SINAIS DA CENA DO CRIME

Todo laudo pericial, seja produzido por um perito criminal, seja por um médico-legista, segue padrões técnicos rigorosos. Esses padrões determinam os quesitos que devem ser respondidos para que se chegue a conclusões objetivas e embasadas. Cada profissional tem um campo de atuação específico, mas ambos atuam para reconstruir a verdade dos fatos com base em vestígios concretos.

O perito criminal é o primeiro a atuar no exame de local. Esse exame busca compreender a dinâmica do crime por meio da observação da cena: houve arrombamento? A porta foi forçada ou aberta com chave micha? Há sinais de luta, desordem, invasão? Como está o sistema de segurança? Há vidros quebrados, acessos violados? Cada detalhe importa. Em casos com vítima no local, o perito realiza, ainda, o exame perinecroscópico, a análise externa do corpo, em busca de indícios visuais que possam apontar causa da morte ou tipo de violência sofrida.

Lesões específicas orientam o raciocínio do perito. Uma lesão cortocontusa, por exemplo, indica um agente contundente e cortante, como um machado ou um bastão com bordas irregulares. Já lesões por arma branca sugerem uso de faca ou objeto cortante similar. A busca por objetos compatíveis na cena é essencial para estabelecer a correspondência entre ferimento e instrumento.

Casos de asfixia exigem atenção redobrada. A chamada asfixia mecânica por instrumento – como em casos de estrangulamento, esganadura ou sufocação – pode apresentar sinais como língua projetada para fora da boca, lábios arroxeados, petéquias (pequenos pontos hemorrágicos) nos olhos ou até nos pulmões e manchas escurecidas no globo ocular. Mas é preciso cuidado: nem toda asfixia indica crime. Uma obstrução acidental das vias aéreas, como engasgo com alimento, também pode gerar esses sinais. A diferença está nos detalhes, e cabe ao médico-legista analisá-los com precisão.

Enquanto o perito observa o que está aparente na cena, o legista aprofunda a análise no corpo. Examina os órgãos, verifica sinais internos de trauma e confirma ou descarta hipóteses com base em padrões fisiológicos. No caso da esganadura, por exemplo, a marca deixada pela mão do agressor pode ser sutil. A pressão desigual das mãos costuma deixar apenas a impressão do polegar, um pequeno hematoma arroxeado na lateral do pescoço, que pode nem ser visível no momento da perícia de local, surgindo apenas horas depois.

É por isso que os quesitos periciais, perguntas técnicas feitas no laudo, precisam ser precisos e bem formulados. Eles guiam o trabalho pericial e ajudam a traduzir sinais silenciosos em argumentos sólidos. O que parece invisível a olho nu pode ser decisivo no tribunal. E o compromisso do perito é justamente esse: dar voz aos vestígios, para que a justiça tenha em que se apoiar.

MORTE VIOLENTA: QUANDO O CORPO FALA ANTES DA AUTÓPSIA

Chamamos de morte violenta toda situação em que há indícios claros de que a morte não foi natural. Esses sinais podem ser visíveis já na cena: um hematoma expressivo, sangramentos anormais, membros quebrados, amarrações, sinais de estrangulamento, quedas de altura ou mesmo ferimentos causados por armas de fogo ou objetos contundentes. A presença desses vestígios aponta para uma causa externa; essa causa pode ser tanto intencional quanto acidental. Pode ter sido um homicídio, um suicídio ou uma morte por queda, por exemplo.

A cena de um crime com morte violenta carrega, quase sempre, marcas inconfundíveis. São situações em que o corpo fala antes mesmo do laudo final. Um exemplo extremo: a vítima é encontrada com marcas de estrangulamento, perfurações de arma de fogo e um bloco de concreto sobre a cabeça. À primeira vista, parece que sofreu três formas diferentes de ataque, mas o perito e o legista precisam responder a uma única pergunta: qual foi a causa da morte?

Por mais brutal que a sequência de agressões possa parecer, a pessoa só morre uma vez, e de uma única causa. O papel do perito, e especialmente do médico-legista, é identificar entre todas as agressões sofridas qual delas foi de fato letal. Nesse exemplo, o laudo pode apontar que a morte se deu por traumatismo craniano, causado pelo impacto do concreto. As demais lesões, embora graves, não foram a causa direta do óbito.

Casos assim, com excesso de violência, levantam hipóteses sobre a dinâmica da ação: será que os autores dispararam primeiro, mas a vítima continuou viva? Tentaram estrangular e não conseguiram, e só então recorreram ao impacto na cabeça? Cada vestígio alimenta essa narrativa silenciosa da violência. E a perícia busca dar ordem aos fragmentos de brutalidade para esclarecer quando, como e por que a vítima morreu.

A análise técnica e criteriosa da cena é essencial para isso. Distinguir entre causa e consequência, entre agressão e execução, entre excesso e intenção é o que transforma uma imagem chocante em uma narrativa compreensível e judicialmente válida. Porque na cena de uma morte violenta o silêncio da vítima pode ser absoluto, mas os vestígios sempre têm algo a dizer.

A CENA SE AMPLIA: OS TRÊS TIPOS DE LOCAL DE CRIME

Em uma investigação criminal, nem tudo se resume à cena em que o corpo foi encontrado. O local do crime, na verdade, pode ser dividido em três categorias distintas, cada uma essencial para entender a dinâmica dos fatos: imediato, mediato e relacionado.

O local imediato é aquele onde está o corpo de delito principal. Isso pode ser a vítima, mas também pode ser um objeto crucial para a investigação, como uma arma de fogo, um projétil, um estojo, ou mesmo uma mancha de sangue. O termo "corpo de delito" não se restringe ao corpo humano: refere-se a qualquer vestígio físico que possa ser examinado. É a área central da ocorrência, o ponto inicial da análise pericial.

Já o local mediato é uma extensão desse espaço. Ele abrange o entorno do local imediato, áreas que, embora não contenham os principais vestígios, podem abrigar elementos secundários que ajudam a reconstruir a cena. Pode ser o caminho de entrada e saída do autor, uma janela arrombada, uma trilha de sangue, ou até mesmo objetos aparentemente deslocados. Por isso essa zona de segurança precisa ser preservada com o mesmo cuidado. Muitas vezes o erro está em limitar demais o espaço preservado e comprometer vestígios valiosos.

Por fim, existe o local relacionado, aquele fora da cena principal, mas que guarda conexão direta com o crime. Um exemplo clássico: um latrocínio (roubo seguido de morte) ocorre em uma residência. O criminoso foge com o carro da vítima e o abandona algumas quadras adiante. Esse local onde o carro foi deixado é um local relacionado. Ele não faz parte da cena imediata ou mediata, mas é indispensável para traçar o percurso do autor, buscar impressões digitais, vestígios de DNA, ou identificar objetos deixados para trás.

Outro exemplo: alguém é alvejado em uma esquina, consegue dirigir por algumas ruas e morre em outro ponto da cidade. O local onde o corpo é encontrado é o local imediato. O interior do carro, onde há vestígios de sangue, projéteis ou outros elementos, pode ser considerado local mediato. Já o ponto exato onde ocorreu o disparo inicial configura-se como um local relacionado. E, entre esses três pontos, podem existir, ainda, outros locais relacionados, dependendo do percurso ou das ações do autor.

Essas distinções ajudam a organizar melhor o trabalho pericial e a compreender a complexidade espacial de um crime. É como se o delito deixasse uma trilha fragmentada, e cabe à perícia seguir cada ponto com precisão, ligando espaços e vestígios para reconstruir a narrativa oculta do que realmente aconteceu.

DEPOIS DA CENA: A DURA REALIDADE DA LIMPEZA

Pouco se fala sobre isso, mas a limpeza de um local de crime é uma etapa difícil, delicada e muitas vezes traumática. Quando o trabalho da perícia termina, a realidade que sobra para os familiares ou responsáveis pelo imóvel é brutal. Não existe protocolo oficial para limpar uma cena de violência, e o que resta é lidar com vestígios que não apenas mancham fisicamente o ambiente, mas também carregam peso emocional.

Em muitos casos o sangue não está só no chão ou nas paredes. Ele penetra estofados, colchões, tapetes, almofadas, roupas de cama, e, uma vez absorvido, não há pano ou produto de limpeza capaz de restaurar. Tecidos com espuma ou forração interna devem ser descartados, pois o sangue se infiltra em camadas profundas e, com o tempo, gera odor insuportável e risco biológico. O mais sensato, nesses casos, é jogar fora.

A limpeza estrutural também exige medidas extremas. Muitas vezes, o único jeito de lavar pisos e paredes é com jatos de mangueira. Panos não dão conta do volume nem da aderência da matéria orgânica ao ambiente. Em algumas ocorrências, o chão está tão tomado por sangue que não há sequer espaço seco para caminhar. Em uma cena, por exemplo, um armário repleto de roupas e cobertores precisou ser esvaziado às pressas, tudo jogado no chão, simplesmente para abrir uma trilha de passagem entre os cômodos.

Esse tipo de situação expõe uma verdade dura: depois do crime, alguém tem de lidar com o que sobrou. A perícia faz seu trabalho técnico. A investigação segue seu curso. Mas a limpeza, essa parte tão invisível quanto necessária, fica para familiares, donos de imóveis, ou, em casos mais graves, empresas especializadas em descontaminação.

Não há solução fácil. Cada local guarda, além de vestígios físicos, as marcas de uma história violenta. E limpá-lo é muitas vezes o início do luto ou o fechamento prático de um capítulo que jamais será esquecido.

CONCEITO DE MORTE: MORTE ABSOLUTA E MORTE APARENTE

Ao chegar a um local de crime, o mais comum é que a vítima já esteja morta. Isso porque, até que a ocorrência seja identificada, acionada, registrada e repassada à perícia, horas podem ter-se passado. Quando há resgate, o óbito costuma ser confirmado por um médico do Samu, o procedimento mais seguro e padronizado atualmente.

Mas a questão da morte em si – o que ela é, quando realmente ocorre e como é identificada – pode ser mais complexa do que parece. Tecnicamente chamamos de morte aparente aquela condição em que a pessoa parece morta, mas ainda apresenta alguma atividade vital, mesmo que mínima. A morte absoluta, por sua vez, é a cessação definitiva das funções vitais, com sinais claros como rigidez cadavérica, ausência total de pulso, coloração arroxeada da pele e queda acentuada da temperatura corporal.

Nem sempre esses limites são tão evidentes. Em um caso antigo, a equipe pericial chegou ao local e percebeu que a vítima ainda dava os últimos suspiros. Um ou dois movimentos respiratórios, discretos, mas perceptíveis. O perito, com algum conhecimento médico, e a papiloscopista confirmaram que ela ainda estava viva, embora prestes a morrer. A constatação foi dura: se o socorro tivesse chegado antes, talvez fosse possível salvá-la.

Casos assim são raríssimos. A imensa maioria das vítimas já está em estágio de morte bem definido: corpo frio, músculos rígidos, sinais evidentes de que não há mais atividade biológica. Porém, em contextos violentos e dinâmicos como os de grandes cidades, há exceções perturbadoras. Um exemplo marcante ocorreu no bairro Capão Redondo, durante uma época em que a violência urbana era ainda mais intensa. A equipe pericial estava finalizando o trabalho em uma cena de homicídio quando ouviu disparos próximos. Menos de vinte minutos depois, a equipe já estava diante de uma nova vítima, ainda quente, recém-executada. O corpo flácido, sem rigidez, sinalizava a morte iminente, um contraste desconcertante para profissionais acostumados a lidar com cadáveres já em estágio de decomposição.

Na outra ponta do espectro existem casos em que a morte já se inscreveu há muito tempo. A vítima mais antiga que o perito atendeu havia morrido cerca de seis meses antes. Vivia sozinha em um apartamento no centro da cidade. Quando parou de pagar contas, o fornecimento de energia e telefone foi cortado. Ninguém sentia sua falta, ninguém estranhou seu sumiço, até que o acúmulo de dívidas com o condomínio levou alguém a abrir a porta. Lá estava o corpo, parcialmente esqueletizado, marcando um dos episódios mais solitários e tristes da perícia. A mulher desapareceu do mundo e ninguém percebeu.

Essas histórias ilustram como o conceito de morte não é apenas biológico, mas também social, emocional e até filosófico. A perícia, ao lidar com o corpo, lida também com as circunstâncias em torno do fim da vida: o abandono, a violência, a urgência, a indiferença. Tudo isso está presente nos vestígios, e é papel do perito, mesmo sem ser médico, reconhecer os sinais e traduzi-los em evidência.

O TEMPO DA MORTE E SEUS SINAIS: ENTRE A CIÊNCIA E A EXPERIÊNCIA

O estudo do tempo de morte tem um nome técnico: cronotanatologia. Trata-se da análise dos fenômenos imediatos e consecutivos que ocorrem no corpo após a morte, permitindo estimar há quanto tempo ela aconteceu. E, mesmo com o suporte da ciência, ainda há muito que depende da experiência direta em campo.

Entre os sinais imediatos estão a parada respiratória, o cessar dos batimentos cardíacos e a perda total da sensibilidade. Esses são os primeiros indícios, perceptíveis logo após a morte. Pouco tempo depois, ocorre a opacificação da córnea: ela perde o brilho, indicando que o corpo já está inerte há mais que alguns minutos.

Com o passar das horas, instala-se a rigidez cadavérica, que se inicia pela mandíbula e se espalha gradualmente para o restante do corpo, até os pés. Esse fenômeno é um forte indicativo de que a morte ocorreu há algum tempo, e sua progressão ajuda a estimar o intervalo.

Outro sinal clássico são as hipóstases cadavéricas: manchas arroxeadas causadas pelo acúmulo de sangue nas regiões mais baixas do corpo, devido à gravidade. Nessas áreas, o sangue se acumula nos vasos porque não há mais circulação, o que deixa marcas visíveis na pele. Se a vítima está deitada de costas, por exemplo, essas manchas aparecerão na parte de trás do corpo, exceto nos pontos de contato direto com o chão, onde a pressão impede a concentração do sangue, formando áreas mais claras. Com base nisso, é possível inferir a posição em que a vítima morreu e, em muitos casos, se ela foi movida após o óbito.

Este detalhe é importante: enquanto as hipóstases ainda não estão fixas, é possível que mudem de lugar se o corpo for deslocado. Mas, após algum tempo, essas manchas se tornam fixas, e, mesmo que a vítima seja movida, a localização original das manchas permanece. Além disso, existe um teste simples: ao pressionar-se uma hipóstase, se ela clarear e depois voltar ao tom arroxeado, a morte tem provavelmente menos de dezoito horas. Se o ponto pressionado não clarear, é sinal de que a morte ocorreu há mais tempo.

Com o passar de vinte e quatro a trinta e seis horas, o corpo começa a inchar, e o odor característico da decomposição se intensifica. Em alguns casos, é possível observar a saída de líquidos pela boca e pelas narinas, decorrente da putrefação interna. Quando a vítima apresenta ferimentos ou lesões abertas, como perfurações ou cortes, é comum notar a presença de ovos de mosca depositados nas feridas, nas narinas, nos ouvidos ou na boca. Esses ovos, após certo tempo, se transformam em larvas, o que ajuda a estimar um intervalo de morte mais prolongado.

Por mais que esses fenômenos sejam descritos na literatura científica, a prática mostra que os intervalos são muito amplos. Trabalhando no DHPP, era comum os investigadores conversarem com vizinhos e testemunhas enquanto a equipe pericial analisava o local. Muitas vezes, alguém dizia: "Eu ouvi os tiros por volta das vinte e duas horas". Esse tipo de informação ajuda a compor um panorama cronológico. Depois de fazer cem locais, você desenvolve um parâmetro empírico, uma espécie de relógio interno. E percebe que o que a literatura propõe nem sempre se aplica à realidade brasileira.

Por exemplo: a literatura pode indicar que a rigidez cadavérica começa entre vinte e quatro e trinta e seis horas após a morte. Depois disso, o corpo volta a ficar flácido, também de cima para baixo. Mas esse intervalo, de trinta e seis a setenta e duas horas, é extenso, e muitas vezes incompatível com o trabalho de campo, especialmente quando o objetivo é restringir a hora da morte para fins investigativos.

Um caso emblemático foi o do casal Richthofen. Durante a análise, o perito estimou, com base em sua experiência, que a morte ocorrera entre vinte e duas horas e meia-noite. Ele comunicou à delegada: "Não me pergunte o porquê, é uma percepção técnica. Eles morreram nesse intervalo". O médico-legista, por sua vez, deu um laudo com um intervalo mais amplo: entre vinte horas e três horas da manhã. Essa diferença era crucial: a estimativa mais restrita colocava Suzane dentro do tempo provável do crime, o que fez toda a diferença na condução da investigação.

Durante um congresso, o perito ouviu uma palestra sobre "determinação precisa do tempo de morte". O palestrante sugeria usar um termômetro retal para medir a temperatura da vítima no local, anotar o horário e, horas depois, repetir a medição no IML, fazendo cálculos para obter uma estimativa. A técnica poderia ser válida em laboratórios, mas não nas ruas. Como o próprio perito ironizou: "Se eu estiver na comunidade de Paraisópolis e introduzir um termômetro retal em uma vítima, o pessoal vai querer enfiar o termômetro em mim".

Outro método proposto consistia em inserir o termômetro no fígado, para uma medição mais precisa. Mas isso exigiria fazer uma incisão cirúrgica – o que é ilegal e exclusivo de médicos. Fora isso, existem variações ambientais: em regiões como o Tocantins, onde a temperatura pode ultrapassar 40 °C, o corpo não esfria, esquenta. Como aplicar uma fórmula matemática em um ambiente tão diverso? É um bom método, sim, mas não serve para qualquer lugar nem para a realidade brasileira. A teoria nem sempre dialoga com o cotidiano da perícia.

E é no cotidiano que o perito aprende a ler os sinais. Em uma ocorrência em uma revenda de carros, ele perguntou diretamente ao PM: "Quem mexeu na vítima?", e não se haviam mexido nela. O policial respondeu que ninguém tinha encostado na vítima. Mas, ao investigar, ficou claro que o corpo havia sido movido. Como foi possível ter certeza disso? O sangue escorrido pelo corpo seco indicava uma posição. Ao virar o cadáver, a mancha permanecia contra a gravidade. O sangue não sobe. Aquilo não era natural.

Outro caso curioso refere-se a uma vítima que supostamente estava morta havia três dias. O local era interno, uma residência. A equipe se preparava para encontrar um corpo em estado avançado de decomposição, com gases, mau cheiro, inchaço. Mas, ao chegar, a cena era diferente: a mulher estava enrolada em um tapete sob a própria cama, sem sinais evidentes da fase gasosa. O cheiro era quase inexistente.

O corpo não estava inchado. O filho da vítima, que morava no mesmo imóvel, havia percebido o desaparecimento dela e do companheiro e resolveu procurar. Quando descobriu o corpo da mãe, o namorado já havia fugido.

Essa ausência de sinais esperados intrigou os peritos. Mais tarde descobriram que a mulher fazia tratamento quimioterápico e tomava antibióticos fortes. Esses medicamentos inibem a proliferação de bactérias, retardando os fenômenos da decomposição. Como o inchaço é causado justamente por essas bactérias, seu corpo teve uma evolução atípica. "As bactérias preferem pessoas mais fortes", brincou o perito, e, de fato, ela era muito magra.

No fim das contas, entender o tempo de morte exige mais que fórmulas e protocolos. Exige prática, atenção aos vestígios e respeito ao contexto de cada caso. A cronotanatologia pode estar nos livros, mas é no campo, entre histórias como essas, que se aprende a verdadeira leitura dos mortos.

MORTE AGÔNICA: O CORPO QUE SOFRE ATÉ O FIM

A chamada morte agônica é aquela em que o corpo não se entrega imediatamente à morte, mas passa por um período de sofrimento intenso antes de sucumbir. E há sinais físicos que denunciam esse tipo de morte, ainda que sutis. Um dos mais recorrentes é a posição das mãos da vítima: punhos cerrados, com os dedos fechando-se sobre o polegar. É uma característica marcante. Quando uma vítima é encontrada assim, há fortes indícios de que ela tenha passado por dor ou angústia nos momentos finais.

Esse sofrimento pode surgir em diversas situações. Um afogamento forçado, por exemplo, quando alguém é mantido com a cabeça submersa contra a própria vontade, pode gerar essa resposta de desespero do corpo. Da mesma forma, um infarto agudo, que provoca uma dor torácica intensa, também pode levar a um breve e agudo período de agonia. São mortes que não ocorrem de forma imediata, o corpo ainda luta por instantes, tentando resistir.

E não são apenas os crimes ou acidentes que levam a mortes agônicas. Um exemplo frequente é o de pacientes em fase terminal de doenças incuráveis. Mesmo com o uso de morfina ou outros paliativos, há casos em que a dor persiste até os últimos minutos de vida. Não se trata mais de tratamento com perspectiva de cura, mas de um caminho inevitável até o fim, em que a pessoa aguarda a morte, consciente de que ela virá, sentindo cada etapa do declínio do corpo. Isso também configura uma morte agônica, silenciosa, mas dolorosa.

No entanto, é importante destacar que quem define oficialmente se houve ou não morte agônica é o médico-legista. O perito criminal pode, sim, levantar hipóteses e orientar a investigação, mas não cabe a ele atestar a causa da morte. Na prática do DHPP, por exemplo, é comum o perito passar essas observações à autoridade policial, de maneira informal, quando algum indício chama atenção.

Um caso curioso ilustra bem essa situação. Um corpo foi encontrado boiando, e a hipótese inicial era de afogamento. No entanto, algo não fazia sentido. A vítima não apresentava sinais de decomposição avançada, ainda estava em estado físico recente, sem inchaço. E, ainda assim, estava boiando, o que normalmente não acontece em casos recentes de afogamento, pois, quando a pessoa morre por submersão, os pulmões se enchem de água e o corpo afunda. Só após dias, com o inchaço provocado pela fase gasosa, o corpo tende a subir à superfície.

Além disso, o cadáver apresentava as mãos cerradas, com os dedos apertando os polegares, forte indicativo de sofrimento antes da morte. Tudo apontava para uma possível morte agônica. Talvez o indivíduo tivesse sofrido uma dor intensa, como um infarto, ou tivesse sido alvo de alguma agressão antes de cair na água. Talvez tivesse tentado resistir, lutado para respirar. Mas nada disso podia ser afirmado com certeza.

Por isso, diante desse tipo de cena, o papel do perito é levantar hipóteses consistentes com os vestígios e transmitir essas observações ao legista, que então conduzirá os exames complementares: vai verificar pulmões, coração, sinais externos e internos do corpo e cruzar dados para determinar a causa exata da morte.

O que o perito pode fazer é levantar essa hipótese técnica: "provavelmente, houve morte agônica". Mas a palavra final virá do laudo médico-legal. E, ainda assim, o corpo, com sua linguagem silenciosa, já conta muito da história que viveu nos minutos finais.

INDÍCIOS, VESTÍGIOS E EVIDÊNCIAS: AS PEÇAS DO QUEBRA-CABEÇA

Para entender como se monta o raciocínio pericial em uma cena de crime, é importante distinguir três conceitos fundamentais: indício, vestígio e evidência. Eles formam uma cadeia de significados que vai se afunilando conforme os elementos são analisados, contextualizados e relacionados ao crime.

Vamos começar com o indício. Ele é, essencialmente, algo fora do lugar, uma anomalia que chama atenção. Pode ser uma mancha no chão, uma porta aberta que não deveria estar, um objeto aparentemente fora de contexto. Em si, o indício ainda não tem um significado conclusivo. Ele apenas sugere que algo ali merece ser examinado mais de perto.

Ao investigar esse indício, o perito parte para o segundo estágio: o vestígio. O vestígio é aquilo que foi deixado na cena e que pode ser submetido a análise técnica. Por exemplo, uma mancha de sangue é um vestígio quando coletada, registrada e encaminhada para exame laboratorial. Mesmo que o perito ainda não saiba de quem é aquele sangue, ele já está tratando de um vestígio que pode oferecer respostas.

Mas o ciclo só se fecha quando esse vestígio se transforma em evidência. Ou seja, quando se estabelece uma relação direta com o crime investigado. Se, por exemplo, a mancha de sangue corresponde ao autor do crime, ou à vítima, em um ponto onde não deveria haver lesão, o vestígio passa a ter valor probatório. Ele ajuda a explicar os fatos, a reforçar hipóteses ou até mesmo a desmentir versões.

Um bom exemplo para ilustrar isso é o caso do assassinato do casal Rugai, sobre o qual falaremos mais adiante. Durante a investigação, foi encontrada uma mancha estranha na academia da casa. À primeira vista, foi considerada um indício: algo que, por estar fora do núcleo da cena do crime, poderia representar uma ligação oculta com o fato investigado. No entanto, depois de analisada, concluiu-se que a mancha não tinha nenhuma relação com o crime. Ou seja, permaneceu apenas como um indício, que não se confirmou como vestígio relevante e muito menos como evidência.

Essa distinção é essencial no trabalho do perito. Nem tudo o que está na cena do crime é evidência. O perito precisa avaliar, testar, cruzar dados. A mancha, a pegada, a digital, tudo precisa passar por um processo rigoroso de interpretação, para que deixe de ser apenas um sinal isolado e passe a integrar a narrativa do crime.

Em resumo: o indício é aquilo que chama atenção, que precisa ser verificado. O vestígio é o que se coleta, analisa e documenta. A evidência é o que se comprova como parte da história real do crime. É com base nesses elementos que se reconstrói o que aconteceu. E é por meio dessa reconstrução que se aproxima, cada vez mais, da verdade dos fatos.

ESTIMATIVA DA HORA DA MORTE E O PAPEL DAS LARVAS E DOS BESOUROS

No DHPP, aprender a estimar a hora da morte vai além da teoria. Quem está ali no dia a dia, ouvindo os investigadores e prestando atenção aos relatos da vizinhança, aos sons e aos horários dos disparos, começa, com o tempo, a formar seus próprios parâmetros práticos. Claro que a literatura, as normas e as referências técnicas são a base para desenvolver um bom trabalho, mas a experiência em campo é o que realmente molda a percepção de tempo em uma cena de crime.

Essa estimativa depende de muitos fatores. Não há uma fórmula única. Leva-se em conta se o corpo foi encontrado em um ambiente interno ou externo, se o clima está quente ou frio, se a vítima estava vestida ou coberta, qual era sua massa corporal e outros elementos que alteram os fenômenos cadavéricos.

A literatura indica margens amplas: a rigidez cadavérica pode começar entre doze e vinte e quatro horas após a morte. A flacidez, que sucede essa rigidez, pode aparecer entre vinte e quatro e setenta e duas horas. Já a opacificação da córnea, a fixação das hipóstases e a temperatura do corpo também são pistas valiosas, mas todas exigem cuidado na análise.

As hipóstases cadavéricas, por exemplo, surgem pela ação da gravidade: o sangue se acumula nas partes mais baixas do corpo. Se o corpo for movido nas primeiras horas, as manchas mudam de lugar. Mas, se o sangue já coagular, a hipóstase permanece fixa, mesmo que o corpo seja reposicionado. Há casos em que se identificam duas áreas distintas de hipóstase: uma nas costas e outra na parte frontal, o que indica que o corpo foi virado após algumas horas, oferecendo uma pista cronológica crucial.

Mas tudo isso precisa ser interpretado com cautela, pois fatores como temperatura ambiente influenciam diretamente. O que acontece em São Paulo pode não acontecer da mesma forma no Tocantins, no Ceará ou no Amazonas. Cada região tem sua fauna, sua umidade, sua temperatura. E isso nos leva à entomologia forense, uma área fascinante.

Imagine o seguinte: você encontra larvas, os famosos bigatos, no corpo. Para estimar o tempo de morte é preciso coletar os bigatos, medir o tamanho e recriar o ciclo de desenvolvimento. Isso implica dar carne fresca, acompanhar a eclosão dos ovos e cronometrar o tempo até que a larva atinja o mesmo tamanho da encontrada na vítima. Só assim é possível estabelecer, com alguma precisão, quando os ovos foram depositados.

E isso só funciona se a criação for feita na mesma região e nas mesmas condições ambientais. Um bigato coletado no interior do Ceará e criado em São Paulo não se desenvolverá da mesma maneira. É por isso que generalizações são perigosas. Cada caso exige uma experiência específica, ajustada ao local, ao clima e ao tipo de inseto.

Em algumas áreas, inclusive, a fauna vai além das moscas. Besouros necrófilos também participam do processo. Há registros de casos em que a movimentação dos besouros sobre o corpo foi tão intensa que chegou a virar a vítima de posição. São detalhes surpreendentes, mas que fazem toda a diferença.

Tudo isso demonstra que a estimativa da hora da morte é um campo cheio de variáveis, no qual o conhecimento teórico é importante, mas a observação, o método e a adaptação ao ambiente são cruciais. Quando bem conduzida, essa análise transforma pequenos sinais em respostas concretas para a investigação criminal.

LUMINOL, MUITO ALÉM DO BRILHO AZUL

Antes de tudo, é importante esclarecer: Luminol é um nome comercial. Existem outros reagentes similares, como o Blue Star, mas o princípio ativo é o mesmo. Ambos são usados em locais de crime para detectar manchas latentes – ou seja, marcas que não são visíveis a olho nu, mas que podem estar presentes em superfícies como piso, paredes, tecidos ou móveis.

Usar Luminol não é só pulverizar e esperar que brilhe. A preparação exige cuidado. O Luminol vem em pó, que precisa ser misturado com solvente – e isso deve ser feito com delicadeza, agitando-se suavemente, sem sacudir o frasco. Já o Blue Star vem em pastilhas que são dissolvidas em água pura, como água mineral. Duas pastilhas bastam para 250 mL, o que o torna mais prático em alguns contextos.

Na prática, o que importa é a experiência do perito. É ela que vai dizer se o brilho observado tem chance de estar relacionado a sangue ou não. O Luminol reage com diversas substâncias, não apenas com sangue: água sanitária, metais presentes em tintas, produtos de limpeza, tudo isso pode causar reação. Por isso, o que se observa não é só o brilho, mas o tom (geralmente azul), a intensidade, a duração e, principalmente, a morfologia da mancha.

Por exemplo: se você aplica o reagente e aparece uma mancha redonda e perfeita, dificilmente é sangue. Manchas de sangue costumam ser irregulares, com contornos que indicam esfregaço, respingos, respiração, gotejamento. A forma fala.

Uma vez, por exemplo, ao aplicar Luminol em uma parede, surgiu um brilho amarelo, fora do esperado. Fui investigar: era a tinta da parede que reagia por conter compostos metálicos. Isso só reforça a importância da observação e do conhecimento prévio dos materiais.

Agora, se a dúvida for sobre presença de esperma, o Luminol não serve. Para isso usa-se luz forense. Um conselho importante: nunca vá a um motel com luz forense. Você verá mais do que gostaria.

Sobre a diferença entre Luminol e Blue Star: tecnicamente, o Blue Star tende a brilhar por mais tempo, mas para mim não faz diferença significativa. A escolha vai da familiaridade do perito com o reagente. Quem sempre usa Blue Star já reconhece o tipo de brilho que ele gera quando reage com sangue. É prática, mais que teoria.

Além disso, há recursos complementares, como o Feca Cult, um teste que indica se o sangue encontrado é humano. Se ele der positivo, ótimo: é sangue humano. Se der negativo, mas o brilho parecer típico de sangue pela intensidade e pela forma, o material ainda é coletado.

Pode ser um falso negativo, e a amostra será analisada posteriormente, em laboratório.

O preparo do reagente também tem suas questões logísticas. No passado o Luminol era vendido em frascos de meio litro, o que era um problema. Para periciar um carro, por exemplo, você usaria menos de vinte por cento do conteúdo, e o restante era desperdiçado. Por isso acabaram reduzindo os frascos para duzentos e cinquenta mililitros, o que é mais econômico e funcional.

Já o Blue Star permite ajustar a quantidade de acordo com o tamanho do local: um carro, um quarto, uma casa inteira. Basta calcular as pastilhas e a água. A única desvantagem? Às vezes uma pastilha vem meio desfeita, o que dificulta o preparo. Mas isso é um detalhe do dia a dia pericial.

No fim das contas, o que realmente importa é saber interpretar o que se vê. Porque nem todo brilho é sangue, e nem todo sangue é humano. A perícia não está no frasco. Está nos olhos de quem sabe o que está procurando.

FAZENDAS DE CORPOS, O ESTUDO DO FIM

Um conceito bastante comentado entre os profissionais da área forense é o das chamadas fazendas de corpos. Esses locais são centros de pesquisa onde se estuda, com rigor científico, os processos de decomposição do corpo humano. Mas, antes de se aprofundar nisso, vale lembrar: tudo isso faz parte do estudo da cronotanatologia, ou seja, da tentativa de compreender e medir o tempo de morte.

Nas fazendas de corpos, os pesquisadores utilizam telas e estruturas de contenção que impedem o acesso de animais necrófagos, como cães, roedores e aves, mas permitem a entrada de insetos, que são fundamentais nesse processo. O objetivo é observar a ação da fauna cadavérica, acompanhar a formação de larvas, estudar o inchaço, a fase gasosa e todos os demais fenômenos envolvidos na decomposição.

Só que esses estudos têm limitações. Eles ajudam a estabelecer parâmetros, mas esses parâmetros não podem ser generalizados. Por quê? Porque o clima e a fauna variam radicalmente entre as regiões. Não é o mesmo estudar um corpo em decomposição no interior do Ceará ou de Pernambuco, onde o tempo é seco, e no meio da floresta amazônica, onde o clima é quente e úmido. As condições ambientais afetam completamente a velocidade e a forma da decomposição, assim como o tipo de inseto presente em cada bioma.

Portanto, para que os dados fossem mais confiáveis e precisos, seria necessário criar fazendas de corpos em diversas regiões do Brasil, respeitando-se as características ambientais de cada local. Só assim seria possível realizar estudos realmente representativos da diversidade nacional.

Nos Estados Unidos já existem algumas dessas fazendas, geralmente instaladas em áreas isoladas, com controle rígido de acesso e estrutura científica adequada. Mas mesmo lá os resultados são regionais e não devem ser aplicados sem critério a outros climas e realidades.

Agora, se pensarmos em fazendas de corpos para estudar os efeitos de lesões, aí a lógica muda. Um disparo de arma de fogo, por exemplo, pode ser analisado de forma mais padronizada, porque os resultados não dependem do clima. Os efeitos de um tiro de revólver calibre .38, de um fuzil 7.62 ou de um 5.56 no tronco ou na cabeça podem ser comparados e documentados independentemente do ambiente. Nesse sentido, as fazendas de corpos também teriam um valor inestimável para a balística forense, ajudando a entender o impacto real de cada arma no corpo humano.

Outro aspecto importante que observei nesses centros é o cuidado técnico. Já vi, por exemplo, estruturas semelhantes a gaiolas forradas com telas, que impedem o acesso de animais de maior porte sem impedir o ciclo natural dos insetos. É um trabalho extremamente sério, feito com rigor científico e respeito ao objeto de estudo.

Essas pesquisas não só ampliam o nosso entendimento sobre a morte, mas também ajudam a melhorar a precisão da perícia criminal, contribuindo diretamente para a elucidação de crimes.

COMOÇÃO SOCIAL: QUANDO A DOR ATRAI O OLHAR COLETIVO

Pelo que pude perceber ao longo do meu trabalho, o que mais causa comoção social é a visão do sofrimento estampado no corpo da vítima. Quanto mais machucada a pessoa estiver, quanto mais sangue, mais mutilações, maior é o impacto. Casos com ferimentos de faca e grande sangramento chamam muita atenção; é isso que atrai a multidão para a cena do crime, aquela curiosidade mórbida que lota as ruas.

Uma vez atendi um caso assim. O homem era enorme e foi atingido por diversos disparos de calibre .380. Para derrubar alguém daquele porte, foram necessários muitos tiros. A rua era movimentada, e em minutos ficou completamente cheia. As pessoas se amontoavam tanto que a polícia precisou usar gás de pimenta para dispersar a multidão. Às vezes tentamos resolver com calma: "Pessoal, por favor, vamos para trás da viatura". Ninguém se mexe. Aí subimos o tom: "Atrás da viatura!", e eles dão meio passo para trás. Só quando você dá uma de louco, grita firme, é que o pessoal realmente recua.

Esse distanciamento é fundamental para a nossa segurança. Durante uma perícia, quando estou realizando o exame perinecroscópico, meu campo visual fica completamente restrito à vítima. Não vejo nada ao redor, nem atrás, nem ao lado. Fico vulnerável. Pode aparecer alguém desequilibrado, um parente transtornado que quer impedir o trabalho, ou até mesmo alguém com más intenções. Por isso, manter o perímetro isolado, com apoio da Polícia Militar, é essencial.

Em casos de maior repercussão, há muitos profissionais envolvidos. No caso do coronel Ubiratan, por exemplo, estavam presentes vários delegados e policiais, alguns conhecidos, outros não. Achei mais adequado que a delegada responsável pedisse que todos se retirassem do local. Como perito, eu poderia ter feito isso, mas preferi que fosse a autoridade policial a solicitar. Era mais respeitoso.

Agora, falando da minha comoção pessoal, um dos casos que mais me marcaram foi o da "princesinha". Estava realizando uma perícia quando abri a sacola e encontrei uma menina loirinha, de olhos claros, com uma tiara na cabeça. Aquilo me deu um baque. Mas mesmo assim precisei seguir. Teve outro caso com um idoso, que estava de costas no chão, coberto de sangue. Quando virei o corpo, havia uma faca cravada nas costas. Casos com crianças e idosos sempre afetam mais, porque são pessoas com menos chance de defesa.

Uma vez fui chamado a uma casa no Morumbi. Havia uma edícula no fundo. Subi as escadas e me deparei com um recém-nascido dentro de uma sacolinha de supermercado. Aquilo me abalou profundamente. Desci e disse que não conseguiria mexer. Mas o delegado insistiu: precisava saber de qual supermercado era a sacola para rastrear sua origem. Então respirei fundo e me concentrei até conseguir cumprir o procedimento. A bebê tinha no pescoço uma tira de pano com um nó. Foi um dos piores momentos que vivi no trabalho.

Outro caso difícil foi o de um adolescente morto porque o irmão havia dado um "balão" nos traficantes. Era o segundo ou terceiro filho que a mãe perdia em dois anos. Ao sair da cena, vi aquela mulher desesperada, abraçada ao corpo do filho. Me afastei para não chorar. Se ficasse ali, não teria conseguido conter a emoção.

Apesar de tudo, nunca deixei de dormir por causa de uma cena. Nunca tive insônia por causa de uma vítima. Claro, algumas cenas voltam à mente, mas nunca me tiraram o sono. Em compensação, já tive sensações estranhas.

Lembro-me de uma vítima em avançado estado de decomposição. O crime ocorreu em um sobrado. Eu já tinha terminado meu trabalho e descido. Minha fotógrafa, a Telma Rocha, que morre de medo de fantasmas, estava lá em cima tirando as fotos. Enquanto esperava, senti algo tocar minha perna. Olhei para trás, achando que fosse um móvel, mas não havia nada por perto. Chamei a Telma: "Vamos embora". Ela respondeu: "Já vou, estou terminando". Senti o toque mais uma vez. Ela reclamou da minha insistência. Quando falei que tinha sentido algo me encostar, ela quase desceu correndo. Depois, ela ficou dizendo que fiquei branco, que estava assustado. Pode até ser. Foi uma sensação bem sinistra.

Naquele tempo, a estrutura da Polícia Civil era muito improvisada. Não havia camas no DHPP. A gente dormia nos bancos mesmo. Havia uma sala com divisória e armários. À noite ventava muito, mesmo com a porta fechada, e sempre era a canela esquerda que arrepiava. Vai saber...

Uma vez, eu estava sozinho na sala dos peritos, lá no fundo. Ouvi alguém entrar. Virei para ver quem era, mas não tinha ninguém. Fui até a porta, olhei o corredor – escuro, vazio. Voltei e continuei trabalhando.

Não sou de me impressionar fácil. Mas acontecimentos estranhos não faltam. Um colega contou que viu um "noia", com bermuda e camiseta, dentro da perícia. Correu atrás dele com a arma em punho, mas o tal sujeito havia desaparecido. E não havia como ele ter saído por outro lugar: era um terceiro andar, janelas com grade. Vai entender...

AMEAÇAS: ENTRE O RISCO REAL E O INUSITADO

Em mais de trinta anos trabalhando com perícia, nunca sofri uma ameaça direta. Nenhum recado, nenhuma intimidação, nenhuma tentativa de retaliação por parte de envolvidos nos casos. Mas isso não significa que nunca estive em situações de risco.

Teve uma vez que estávamos a caminho de um local de crime quando, de repente, ouvimos um disparo vindo de um terreno baldio.

Todo mundo da equipe desceu das viaturas imediatamente, alguns já querendo entrar no terreno à procura do atirador. Rapidamente, dei a volta na quadra com o carro – o terreno cortava o quarteirão, então fizemos o contorno para tentar interceptar pelo outro lado.

No fim, não encontramos ninguém. O sujeito que atirou provavelmente fugiu. Também não ficou claro se o tiro foi mesmo direcionado às viaturas; ninguém foi atingido, nenhum carro sofreu impacto. Estávamos em três ou quatro viaturas, e nada foi danificado. A impressão que ficou é de que foi obra de algum maluco atirando ao acaso.

Apesar do susto, confesso que tenho certa frustração de nunca ter participado de uma troca de tiros. Pode parecer estranho, mas muitos policiais e peritos convivem com esse tipo de episódio. Eu, não. Seria, digamos, um item a mais no meu currículo profissional.

* * *

Entender os conceitos fundamentais da perícia é dominar terminologias técnicas e compreender como ciência, observação e experiência se unem na busca pela verdade. Indícios, vestígios, evidências: cada um carrega nuances e responsabilidades distintas, mas todos ganham valor a partir da leitura cuidadosa do perito. Do brilho fugaz do Luminol a uma larva em desenvolvimento, tudo pode falar, basta saber ouvir. Ao final, é esse olhar treinado que transforma o invisível em prova e o caos em narrativa coerente. Neste capítulo vimos como os princípios básicos da criminalística não apenas sustentam a investigação, mas também delimitam o espaço em que a justiça pode, enfim, atuar com precisão.

CAPÍTULO 3

O CRIME DO CORONEL UBIRATAN

POR DENTRO DE UMA PERÍCIA DE HOMICÍDIO

Data do crime	: 9 de setembro de 2006, sábado
Data do encontro do corpo	: 10 de setembro de 2006
Local	: Rua José Maria Lisboa, 815, 7.° andar, apartamento 72, Jardins, São Paulo, SP
Vítima	: Ubiratan Guimarães
Arma	: revólver calibre .38
Suspeita	: Carla Cepollina foi acusada, julgada e absolvida
Defesa de Carla	: Eugênio Carlo Balliano Malavasi e Liliana Prinzivalli
Defesa de Ubiratan	: Vicente Cascione
Perito de local	: Ricardo da Silva Salada

Delegado	:	Marco Antônio Olivato
Delegacia de Polícia	:	78.° DP (Jardins)
Equipe	:	Departamento de Homicídios e de Proteção à Pessoa (DHPP)
Promotor	:	Luiz Fernando Vaggione

O crime

No dia 10 de setembro de 2006, o coronel reformado da Polícia Militar e deputado estadual Ubiratan Guimarães foi encontrado morto em seu apartamento nos Jardins, Zona Oeste de São Paulo. Seu corpo foi achado deitado no chão da sala, enrolado apenas com uma toalha branca na cintura, com um único disparo de arma de fogo, que atingiu a região abdominal, abaixo do mamilo direito, e saiu pelas costas. A perícia indicou que não houve luta corporal, e a porta da cozinha estava apenas encostada.

A morte ocorreu, segundo a autópsia, na noite anterior, sábado, dia 9, e o corpo foi encontrado por um assessor e pelo chefe de gabinete do deputado, que estranharam a ausência de comunicação com Ubiratan naquele fim de semana.

A vítima

Coronel da reserva da Polícia Militar, Ubiratan ficou nacionalmente conhecido por ter comandado a operação policial no massacre do Carandiru, em 1992, quando cento e onze presos foram mortos durante a repressão a uma rebelião no presídio. Ele foi condenado a seiscentos e trinta e dois anos de prisão em 2001, por cento e dois homicídios, mas absolvido em 2006 pelo Tribunal de Justiça de São Paulo, pouco antes de sua morte. Na época de seu assassinato, exercia mandato como deputado estadual pelo PFL (atual União Brasil).

A principal suspeita

A namorada de Ubiratan, Carla Cepollina, foi apontada como principal suspeita do crime. Advogada, filha de uma procuradora do Estado e formada pela USP, Carla tinha um relacionamento marcado por idas e vindas com Ubiratan, com histórico de ciúme e controle, segundo relatos de pessoas próximas.

Durante a investigação, a polícia encontrou vestígios de que Carla estava no apartamento no momento da morte. Além disso, foi apurado que o coronel costumava deixar sua arma pessoal (um revólver calibre .38) sobre um balcão na sala, e essa arma desapareceu após o crime. O projétil que transfixou o corpo, encontrado no encosto do sofá da sala, foi posteriormente identificado como tendo sido disparado pela arma do próprio Ubiratan, após confronto balístico com projéteis usados por ele para treino.

Hipótese da dinâmica do crime

A perícia técnica apontou que o disparo ocorreu de cima para baixo e da frente para trás, o que sugere uma ação durante um movimento - possivelmente o coronel levantando-se para tomar a arma da mão de alguém que o ameaçava. Essa análise, combinada com o fato de ele estar molhado, apenas com uma toalha e sem sinais de luta, reforçou a tese de que o autor era alguém íntimo, que ele permitiu entrar no apartamento logo após o banho. A hipótese mais aceita foi a de que Carla pegou a arma durante uma discussão motivada por ciúme e a disparou em um momento de tensão.

O julgamento e a absolvição

Carla Cepollina foi acusada formalmente de homicídio, mas negou o crime e sustentou que não estava no apartamento no suposto horário do crime estabelecido pela polícia. O caso teve grande cobertura da imprensa e dividiu a opinião pública.

Em 2012, seis anos após o crime, Carla Cepollina foi levada a julgamento no Fórum Criminal da Barra Funda. Após três dias de julgamento, o júri decidiu absolvê-la por considerar as provas insuficientes. A tese da defesa sustentava que o coronel poderia ter cometido suicídio, hipótese descartada pela maioria dos peritos, mas ainda assim considerada pelo júri como possibilidade razoável, diante das lacunas na investigação.

Consequências e legado

A morte do coronel Ubiratan e o julgamento de Carla Cepollina se somam ao histórico de polêmicas que marcaram a trajetória do militar. Sua atuação no Carandiru continua sendo um dos capítulos mais debatidos da história recente da segurança pública no Brasil.

O caso também evidenciou fragilidades na preservação da cena do crime, já que mais de cinquenta pessoas estavam no local antes da perícia técnica. Essa contaminação do ambiente prejudicou a coleta de provas e enfraqueceu a acusação. O episódio é citado até hoje como exemplo clássico da importância da preservação do local do crime para a perícia criminal.

O CASO, A PERÍCIA, MEU RELATO

Domingo, cerca de dez horas da noite, eu estava de plantão quando recebi o chamado. Foi nesse horário que o chefe de gabinete Eduardo Anastasi, acompanhado de um assessor, encontrou o coronel Ubiratan Guimarães morto, com um tiro, em seu apartamento no bairro dos Jardins, área nobre de São Paulo.

O local não apresentava sinais de luta corporal. O coronel foi encontrado na sala, deitado de barriga para cima, com uma toalha enrolada na cintura. O projétil atingiu a parte inferior do mamilo direito. Estimou-se que a morte ocorreu no sábado, dia 9 de setembro, e o corpo foi descoberto apenas no dia seguinte.

Ubiratan Guimarães ganhou notoriedade por comandar a operação que resultou na entrada de mais de trezentos policiais no Pavilhão 9 do Complexo do Carandiru, na Zona Norte de São Paulo, em outubro de 1992. A ação, cujo objetivo era conter uma rebelião entre facções rivais, terminou com a morte de cento e onze detentos e repercussão internacional. O episódio ficou conhecido como "Massacre do Carandiru". À época, o coronel ocupava o cargo de Comandante do Policiamento Metropolitano de São Paulo.

A partir de então, Ubiratan passou a ser diretamente associado às mortes ocorridas no Complexo do Carandiru. Ainda assim, conseguiu uma vaga como suplente de deputado estadual em 1997. Em 2002 foi eleito deputado estadual com mais de cinquenta mil votos.

O tempo passou, e em 2001 o coronel foi condenado em júri popular pela morte de cento e dois dos cento e onze presos assassinados durante a ação, a maioria deles morta por agentes da Polícia Militar. A pena foi de seiscentos e trinta e dois anos de prisão. No entanto, ele pôde recorrer em liberdade e acabou sendo absolvido pelo Órgão Especial do Tribunal de Justiça de São Paulo.

Pai de três filhos, nenhum deles vinculado à área policial, Ubiratan conheceu a advogada Carla Cepollina por meio de um contato comum do setor de segurança. O relacionamento entre os dois durou cerca de dois anos, marcados por várias idas e vindas. Segundo a mãe de Carla, a também advogada Liliana Prinzivalli, a relação entre eles "não era séria", pautando-se mais por hábitos como viajar juntos. Para os filhos do coronel, o afastamento gradual do casal ocorreu por motivos como o desejo de Carla de ter filhos, algo com que Ubiratan não concordava, e pelo fato de ele mais tarde ter-se relacionado com uma delegada da Polícia Federal do Recife.

Formada em Direito pela Universidade de São Paulo, Carla nasceu e cresceu no bairro dos Jardins, em São Paulo, morou no exterior e pertencia a uma família abastada. Já o coronel vinha da periferia da capital, de uma família de origem modesta, e construiu sua trajetória por mais de trinta anos na Polícia Militar.

Na noite em que a morte foi descoberta, houve uma verdadeira corrida até o local, o apartamento do coronel. O elevador estava lotado de policiais do Grupo Armado de Repressão a Roubos e Assaltos (Garra), e o pequeno imóvel, com cerca de setenta metros quadrados, chegou a abrigar mais de cinquenta pessoas. Estava completamente tomado. Do lado de fora havia a presença da imprensa, mas o que mais se via eram policiais e viaturas. Embora a rua não tenha sido formalmente interditada, o número de veículos da polícia era impressionante.

Eu me lembro de ter visto Maurício José Lemos Freire, que foi delegado-geral, e também a delegada Elisabete Ferreira Sato, do 78.º DP à época. Quando cheguei, conversei com a delegada Sato e disse que precisaria pedir que todos saíssem do local. Eu tinha consciência de que o crime era de grande repercussão, mas precisava ter o local o mais preservado possível para poder fazer o meu trabalho. Claro que o ambiente já estava comprometido. Ali havia gente demais para um lugar pequeno. Estava quebrada a regra mais importante para uma perícia: a preservação da cena do crime.

Depois da conversa com a delegada, ficaram doze pessoas, as realmente indispensáveis à perícia. Diante daquele entra e sai constante, já nem adiantava tentar periciar o banheiro. Costumo, sempre que possível, fazer a perícia do banheiro em primeiro lugar, justamente para liberar um sanitário para uso da equipe durante os trabalhos. Mas, naquele caso, era evidente que o local já havia sido usado por diversas pessoas, e qualquer vestígio ali estava completamente comprometido. Por sorte, a área onde estava o corpo do coronel Ubiratan ficou preservada, o que permitiu que a perícia fosse realizada de forma tranquila e eficiente.

De maneira geral, o apartamento tinha uma entrada pela sala; a porta de serviço e a escada ficavam em outro acesso. A gente subia pelo elevador social, que dava direto em uma porta simples. Assim que entrava no apartamento, logo à esquerda, havia uma mesinha pequena, depois um balcão de bar em L, também simples, com um telefone em cima. Logo depois do bar, um jogo de sofás, e diante dele uma estante que ocupava parte da parede. À esquerda de quem entra ficavam a cozinha e uma área de área de serviço contígua. Tanto a cozinha quanto a área de serviço davam para a Avenida Nove de Julho, uma via extremamente barulhenta. Já os dormitórios e o banheiro ficavam à direita, voltados para o miolo da quadra, uma área mais silenciosa.

Era um apartamento simples, funcional, nada que chamasse atenção por luxo ou sofisticação. Ainda assim, naquela noite, aquele espaço modesto havia se tornado o epicentro de um caso que mobilizou a alta cúpula da segurança pública, jornalistas e a opinião pública. E ali, entre sofás comuns e móveis discretos, estava o corpo de um dos nomes mais polêmicos da história recente da segurança no Brasil.

Retomando: quando cheguei ao local, o corpo do coronel Ubiratan estava estendido na sala, logo após o balcão em L. Ele jazia sobre o tapete, deitado de barriga para cima, com uma das pernas ligeiramente dobrada. Ao entrar, percebi que as janelas estavam fechadas, e as cortinas, parcialmente cerradas. Foi nesse momento que percebi uma dobra estranha na almofada do encosto do sofá. Aquilo chamou minha atenção, mas decidi primeiro cuidar do essencial: a liberação da vítima.

O corpo estava coberto apenas por uma toalha branca enrolada na cintura. O disparo havia atingido a região abdominal e saído na altura do glúteo. Observei, com clareza, que ele havia saído do banho enrolado na toalha, mas não chegou a se enxugar. Isso era perceptível pela condição dos pelos corporais: quando alguém se seca com toalha, os pelos ficam em determinada direção; já quando secam naturalmente, a aparência é outra. Ubiratan saiu molhado do banho e secou morto.

Segundo as informações colhidas na cena, ele tinha por hábito deixar sua carteira de parlamentar e um revólver calibre .38 em cima do balcão da sala. Dentro do móvel também havia outra arma, do mesmo calibre, guardada em uma parte mais baixa. Naquele dia, a arma que normalmente ficava sobre o balcão havia desaparecido. Relatos indicavam que ele costumava seguir essa rotina ao chegar em casa, mas no momento da perícia nenhuma das armas estava no local.

A análise técnica revelou uma perfuração que atravessava o corpo de frente para trás e de cima para baixo, confirmando a trajetória do disparo.

O fato de ele estar enrolado em uma toalha, sem sinais de ter-se enxugado, reforçava a conclusão de que não havia se preparado para receber ninguém de maneira formal. Muito provavelmente, apenas se fosse uma pessoa conhecida, alguém íntimo. Esse detalhe sugere uma dinâmica específica nos minutos finais de vida do coronel.

De acordo com registros, Ubiratan havia recebido cinco telefonemas entre o sábado e o domingo. A secretária eletrônica guardava três recados: um deixado por um filho, outro por um irmão, e o terceiro, de origem não identificada. Cada um desses elementos se tornaria peça de um quebra-cabeça ainda maior.

Voltando à condição da vítima: era nítido que o disparo havia sido dado de cima para baixo, atingindo uma região que não é considerada área de eleição em execuções. Isso indicava que não se tratara de uma ação calculada, mas de algo que havia acontecido durante uma movimentação.

A área atingida pelo disparo era completamente incomum, pois ninguém que tivesse a intenção de assassinar uma pessoa daria um tiro daquela forma.

Então, como explicar esse ângulo no trajeto do projétil? Pois imagine a seguinte cena: ele estava sentado na sala e, em algum momento, levantou-se bruscamente. O que aconteceu nesse instante?

Segundo relatos de pessoas próximas, o coronel não admitiria jamais que alguém apontasse uma arma para ele sem reagir. Pela personalidade que tinha, ele avançaria na direção da ameaça, mesmo desarmado. Portanto, o cenário mais plausível é de que ele estava sentado, percebeu alguém com uma arma em punho e, no ato de se levantar para reagir ou tentar desarmar essa pessoa, foi atingido. O disparo o atravessou e, depois, acertou o sofá, fechando o trajeto com um ponto final que a perícia soube ler.

Mesmo alvejado, Ubiratan ainda conseguiu dar alguns passos à frente antes de cair. O disparo não provocou a morte imediata. Segundo o legista, o projétil atingiu uma artéria ou uma veia importante na região abdominal, o que lhe deu alguns minutos de sobrevida. O dano vascular foi grave o suficiente para levá-lo à morte em questão de minutos. A arma usada no crime desapareceu. Não havia sangue na toalha que ele usava na cintura, pois o projétil havia atravessado a toalha. Conforme explica a ciência, pessoas com maior massa muscular e uma camada de gordura mais espessa, como era o caso dele, tendem a sangrar menos, já que essa camada pode até dificultar o extravasamento do sangue. Atrás do corpo quase não havia vestígios de qualquer ato violento. O sofá não apresentava manchas, porque, de acordo com a posição do corpo como foi encontrado, ele estava em pé no momento em que foi atingido.

Acredita-se que ele se levantou com rapidez, talvez em um gesto de defesa, tentando alcançar uma arma apontada em sua direção. Estava inclinado para a frente, não em pé de forma ereta. Imagino a cena: alguém diante do coronel Ubiratan, com a arma em punho, e ele se projeta para tentar tomá la. Dá um passo, estica o braço, com um movimento impulsivo de corpo, mas é alvejado. O ângulo do disparo confirma essa hipótese.

Então, o que aconteceu? Havia uma posição já indicada pelo legista, e, antes mesmo de mexer em qualquer coisa, eu havia notado uma dobra estranha no encosto do sofá. Aquela dobra chamou minha atenção logo de início. Sabia que o projétil não havia saído para a rua, pois a janela e os vidros estavam fechados. Como no corpo do Ubiratan tinha a entrada e a saída do projétil, isso indicava que o assassino se encontrava dentro do imóvel; caso contrário teria quebrado a janela ou perfurado um dos vidros. Olhei para a dobra e disse: "Já sei onde o projétil está".

Antes de qualquer intervenção, orientei o fotógrafo: "Mede a altura e a localização exata desse projétil". Também pedi ao desenhista que registrasse a cena. Comecei a cortar o tecido. O sofá tinha sido reformado – havia um forro mais antigo por baixo do novo, depois a espuma –, e ali, no interior da espuma, encontrei o projétil, perfeitamente encaixado.

Nesse momento veio a inevitável pergunta: aquele projétil seria de uma arma pertencente ao coronel Ubiratan ou de outra origem?

Sabia-se que uma das armas do coronel havia desaparecido. Além disso, a perícia indicava que Carla estava no apartamento no momento do disparo. O acesso do autor do tiro foi permitido, a entrada não foi forçada, e a saída aconteceu pela porta da cozinha, que estava apenas encostada. Poucas pessoas tinham a chave: o filho, o coronel, a empregada e a namorada. O filho não esteve no local, e a empregada, também não. Isso restringia bastante as possibilidades.

Então, como vejo a dinâmica? A delegada da Polícia Federal do Recife, com quem o coronel mantinha um relacionamento, teria ligado para ele. Carla Cepollina estava no apartamento. Ela chama Ubiratan para atender o telefone e, a partir daí, acredito que tenha começado uma discussão. O coronel estava sentado no sofá, e ela, de pé. Carla, considerada pelos amigos uma mulher ciumenta e insegura, possivelmente pegou essa arma e passou a ameaçá-lo.

Ubiratan avançou para tentar desarmá-la, e então o disparo aconteceu. Carla apertou o gatilho, talvez em pânico, talvez sem perceber que havia atirado, em um impulso diante do avanço dele. Era um revólver calibre .38, fácil de manusear: para disparar, basta apertar o gatilho.

O barulho do tiro teria se perdido facilmente no ambiente, tendo em vista o barulho cotidiano do trânsito no local. Além disso, no corredor havia apenas uma porta vizinha. Se alguém ouvisse um estampido, dificilmente distinguiria entre um disparo de arma ou um rojão, a não ser que fosse um especialista. Quem não está habituado simplesmente não dá importância.

Essa é a dinâmica que visualizo ali naquela sala. Uma execução? Está fora de cogitação. Não era ano de eleição, não havia nenhum contexto político relevante nem situação alguma que indicasse um crime premeditado. O que me parece mais cabível é um disparo motivado por uma discussão acalorada, uma pessoa enraivecida ameaçando a outra.

O ponto de partida para qualquer trabalho pericial é a preservação do local do crime, o que não aconteceu nesse caso. O que se conseguiu apurar foi apenas parte da dinâmica do ocorrido. A principal suspeita era a própria namorada dele. Então, encontrar impressão digital dela no apartamento não significaria absolutamente nada. Ela frequentava aquele local. Vivia ali. Ter uma digital dela no ambiente não seria prova de autoria.

Foi com base nessas informações que construí a dinâmica do caso. Mesmo que não se tenha provado tudo, essa é a versão mais coerente com os vestígios e o cenário encontrado.

Logo após fazer a perícia no corpo, passei a fazer a varredura do local. As cortinas do apartamento estavam apenas parcialmente fechadas, e nada indicava que tivessem sido puxadas propositadamente para facilitar a prática do crime. Na minha visão, trata-se daquela clássica diferença entre *saber* e *provar*. Saber o que aconteceu é uma coisa;

conseguir demonstrar isso de forma irrefutável é outra completamente diferente. Ninguém é condenado com base em suposições; é preciso apresentar provas concretas.

Na investigação foi constatado que o prédio não registrava a identidade dos visitantes e não possuía câmeras de vídeo. Assim, entregadores subiam livremente nos apartamentos, o que facilitava a presença de estranhos a qualquer hora do dia ou da noite. Se houvesse essas normas de segurança, certamente a autoria do crime já estaria desenhada.

Sobre a porta de serviço estar apenas encostada, Carla afirmou que a porta foi usada por alguém que queria se locomover pelos fundos, pelas escadas, sem usar o elevador, para evitar ser visto. O que fica é o seguinte: o apartamento não tinha câmera, não tinha nada, mas, se entrasse qualquer outra pessoa, o porteiro iria questionar, ele iria deixar passar apenas quem era conhecido. Além disso, imagens de câmeras de segurança indicam que Carla teria entregado à perícia roupas diferentes das que usava naquela noite.

A polícia apontou a possibilidade de uma terceira pessoa na dinâmica do crime, o que não foi confirmado pelo porteiro.

De acordo com a defesa, o revólver que matou o coronel era o mesmo que ele utilizava e que havia desaparecido. Era conhecido o hábito que o coronel Ubiratan tinha de praticar tiro ao alvo em uma chácara, atirando contra uma árvore. Posteriormente, a equipe da perícia foi até o local, retirou projéteis incrustados no tronco da árvore e realizou o confronto balístico. O resultado foi positivo. O projétil que matou o coronel saiu de uma das armas dele.

Por essa razão, é possível afirmar que a mesma arma que foi utilizada para disparar na árvore foi a responsável pela morte dele. Porém, o autor do assassinato não é possível determinar. Minhas suposições dessa dinâmica vêm da experiência adquirida em trinta anos de trabalho. Por isso posso dizer que o assassino não foi alguém que se dirigiu ao local para matá-lo. A posição em que ele estava ao ser alvejado foi comprovada com a perícia técnica. A pessoa que usou a arma teria pouca prática em manusear arma de fogo? É possível. Era alguém que ele conhecia? Sim, pois ele deu acesso a essa pessoa quando estava enrolado em uma toalha ou a pessoa já estava ali.

O exame residuográfico, vários dias depois, não foi efetivo. A arma jamais foi encontrada, então não é possível afirmar quem foi o autor do crime.

Outra possível dinâmica aventada foi que, entre 18h58 e 19h01 do sábado, dia 9 de setembro de 2006, houve a troca de três mensagens entre os celulares de Ubiratan e da delegada, então *affair* do coronel. Mas cogitou-se que as mensagens teriam sido enviadas por Carla, enquanto o coronel se encontrava no banho, o que ela nega. Às 19h01, ainda segundo o advogado do coronel, a delegada liga para Ubiratan, mas quem atende é Carla, que passa a ligação para o coronel. Ele teria dito à delegada que iria ver o que tinha ocorrido, já que não era o autor das mensagens, e uma briga teria começado entre Carla e Ubiratan. Um barulho foi ouvido por vizinhos por volta das 19h30, período em que o coronel teria sido morto. Dias após o assassinato, a polícia reproduziu o barulho e deu um tiro, como teste de ruído do edifício. Uma vizinha, porém, disse não saber identificar se o barulho seria semelhante ao de um tiro, porque não conhecia esse tipo de ruído.

Foi realizada, ainda, uma perícia complementar no apartamento, da qual não participei, apenas fui acionado para acompanhar o teste de luz forense.

Teste de luz forense é uma técnica usada na investigação criminal para detectar vestígios invisíveis a olho nu, como fluidos corporais (sangue, sêmen, saliva), fibras, fragmentos de ossos, impressões digitais e resíduos de pólvora. O método consiste em aplicar fontes de luz específicas, geralmente com comprimentos de onda controlados (luz UV, azul, verde ou infravermelha), para revelar evidências latentes em superfícies diversas.

Como funciona: a luz forense (ALS – Alternate Light Source) é projetada sobre o local. Substâncias específicas fluorescem ou absorvem luz de forma característica, facilitando a visualização. Os peritos usam óculos com filtros coloridos (ou filtros em câmeras) para realçar os vestígios revelados. Esse tipo de técnica identifica sangue – mesmo após limpeza parcial ou tentativa de ocultação –; sêmen e saliva – especialmente em casos de violência sexual –; impressões digitais em superfícies porosas ou difíceis; marcas de arrastamento ou manchas que indicam movimentação da vítima. É uma técnica sensível, que detecta os mínimos traços, que não altera a evidência, e o equipamento é portátil, podendo ser usado diretamente no local do crime.

É um procedimento de triagem: serve para localizar onde estão os vestígios, que depois serão coletados e analisados em laboratório com testes químicos ou de DNA. Em investigações criminais, especialmente homicídios e crimes sexuais, o teste de luz forense é essencial para reconstruir a cena e identificar autores e vítimas.

Se é aplicada a luz ultravioleta na pólvora, ela fica vermelha. Então, é feita no material, que é enviado para o laboratório, a fim de confirmar se realmente se trata de resíduo de pólvora. É mais uma informação para tentar definir o ponto da posição do atirador.

Para a realização da perícia complementar, foi necessário acessar o local durante o período noturno, mantendo o ambiente completamente sem iluminação artificial, a fim de garantir o máximo de contraste para detecção de vestígios latentes.

Utilizamos um equipamento de alta potência para emissão de luz ultravioleta, cuja frequência foi previamente ajustada de acordo com a faixa espectral necessária para evidenciar resíduos específicos. Para operação segura do canhão de luz ultravioleta, que possui elevada intensidade e emissão potencialmente carcinogênica, toda a equipe utilizou avental de tecido de algodão, luvas de proteção e máscara facial de plástico, além de óculos de filtro específico para bloqueio da radiação UV nociva, conforme exigido pelos protocolos de segurança ocupacional.

Durante a varredura do ambiente foi possível localizar resíduos suspeitos, que foram coletados para análise posterior. Embora não tenha sido possível determinar, no momento, se o material identificado correspondia de fato a resíduos de pólvora ou de outro composto, tal detecção forneceu elementos adicionais para o esclarecimento da dinâmica do disparo, contribuindo para inferir a provável posição do atirador em relação à vítima.

Vale ressaltar que, embora a presença de resíduos de propelente auxilie na reconstrução do trajeto balístico e na compreensão da cena, esse indicativo, por si só, não permite determinar a autoria do disparo, sendo necessário integrar essa evidência a outros elementos probatórios.

De acordo com o relator do caso, Carla Cepollina declarou, em um primeiro momento, que, enquanto o namorado dormia no quarto, ela foi até a cozinha preparar uma refeição para ambos. Posteriormente, após atender o segundo telefonema da delegada, Carla deixou o apartamento. Em seu depoimento, afirmou que o coronel ainda dormia quando ela saiu do local.

Foi realizada a perícia nos telefones fixos e no celular do coronel, mas eu não participei dessa etapa nem tive acesso aos resultados obtidos. No entanto, há registros que comprovam a presença de Carla no apartamento entre 19h05 e 20h27, período em que ocorreram dois telefonemas feitos pela delegada, que mantinha um relacionamento com o coronel. Ela ligou logo após receber uma mensagem, e pouco depois tornou a ligar. A promotoria sustenta que, nesse segundo telefonema, o coronel já estava morto. Carla atendeu à ligação, alegando que os dois estavam discutindo intensamente; entretanto, em vez de sons de discussão, a delegada ouviu, ao fundo, o som de uma ópera.

O laudo do IML estimou o horário da morte do coronel Ubiratan por volta das vinte e uma horas. Segundo relatos dos porteiros, Carla deixou o edifício aproximadamente às vinte e duas horas. Assim, com base no horário determinado pelo IML, é possível afirmar, de forma objetiva, que Carla ainda estava no local no momento em que o crime ocorreu.

Sabemos que o apartamento do coronel não apresentou sinais de invasão, luta ou violência física que indicassem a entrada forçada de terceiros. Além disso, há uma contradição relevante: Carla Cepollina declarou que Ubiratan estava dormindo, quando todos os indícios confirmam que ele se encontrava no banho naquele momento. As ligações e mensagens trocadas entre Carla e a delegada do Recife constituem provas técnicas robustas que corroboram a dinâmica do ocorrido.

Em 13 de setembro de 2006, Carla Cepollina foi indiciada pelo DHPP por homicídio duplamente qualificado: motivo fútil (ciúme) e uso de recurso que impossibilitou a defesa da vítima (uma vez que Ubiratan estava desarmado). De acordo com a Polícia e o Ministério Público, Carla colaborou com as investigações, motivo pelo qual não foi solicitada sua prisão preventiva.

Carla foi levada a julgamento em novembro de 2012. No primeiro Tribunal do Júri, enfrentou a acusação de homicídio duplamente qualificado, sob a alegação de ter matado o coronel com um tiro no abdome após uma suposta discussão. Eu não fui arrolado como testemunha pela Justiça; acredito que, em certos casos, a presença do perito no julgamento possa ser evitada para não constranger as partes, dado o peso técnico do depoimento.

O juiz responsável pelo tribunal ressaltou que o veredicto do júri popular foi um claro recado à polícia e ao Ministério Público, no sentido de que ninguém deve ser acusado apenas com base em hipóteses não suficientemente comprovadas. Por maioria de votos, os jurados entenderam que as provas apresentadas eram insuficientes e absolveram Carla Cepollina. O Ministério Público não recorreu da decisão.

É interessante observar que, em um caso como esse, em que o promotor normalmente recorre mesmo quando há condenação, buscando aumentar a pena, o fato de não ter havido recurso levanta questionamentos. Pode-se perguntar: houve alguma influência exercida sobre o sistema?

Do ponto de vista técnico, não existia uma prova testemunhal direta. Não havia ninguém que afirmasse ter visto o disparo, nem foi localizada a arma do crime. O suposto resíduo de DNA também não foi apresentado de forma conclusiva. Além disso, os horários foram, curiosamente, alterados durante o processo. O porteiro, por exemplo, retificou seu depoimento, mudando os horários de entrada e saída de Carla.

Em contrapartida, o laudo do IML fixou o horário da morte do coronel compatível com a presença dela no apartamento. Carla afirmou ter saído às vinte e uma horas, exatamente o limite máximo do período da morte indicado pelo legista. Depois surgiu até um comprovante de retirada em uma videolocadora, sugerindo que ela teria saído mais cedo, mas tudo isso gera contradição. Se ela realmente saiu às vinte e uma horas e ele ainda estava vivo, como sustentar que não havia relação direta com o crime? Tudo isso é informação técnica, documental.

Por outro lado, não há indício de execução planejada. Se a intenção fosse executar o coronel, haveria, com certeza, outro disparo para garantir a morte imediata. Toda a dinâmica aponta para um único disparo, durante um momento de conflito, não uma execução fria.

E quanto às impressões digitais dela no local? Tanto faz encontrá-las ou não, já que Carla frequentava o apartamento. Assim, a simples presença de suas digitais não provaria nada além de sua rotina no ambiente.

No plano comportamental, Carla era descrita como extremamente ciumenta, possessiva e controladora. E, estranhamente, no dia do crime mostrou um aparente desinteresse. Isso, no entanto, não é prova direta, mas um elemento circunstancial facilmente contestado com alegações de uso de medicamentos ou alterações de humor.

A acusação também se apoiou em um fato concreto: a delegada federal que se relacionava com o coronel falou com Carla por telefone, confirmando que ela estava no apartamento no horário chave. E mais: Carla admitiu à delegada que os dois haviam discutido. Se havia música alta, era plausível que fosse para abafar o som da discussão.

Ou seja, elementos de prova existiam, ainda que indiretos, mas não foram explorados a fundo no julgamento. Na prática, o que se viu foi um embate de estratégias. Para mim, foi uma articulação bem conduzida entre defesa e Ministério Público, que, no fim, permitiu o veredicto de absolvição.

Em plenário, o promotor João Carlos Calsavara destacou o perfil impulsivo de Carla, sua postura reativa e a pouca disposição para ser contrariada. Durante o julgamento ela chegou a ser expulsa do plenário do júri por se manifestar enquanto uma testemunha falava, além de demonstrar irritação ao exigir ser tratada como "doutora" pelo promotor. Tudo isso evidencia o temperamento forte, mas acabou não sendo suficiente para sustentar uma condenação.

O júri, formado por seis homens e uma mulher, acolheu a argumentação da defesa de que não havia provas suficientes para a condenação. O placar foi quatro a zero pela absolvição. A contagem dos votos foi interrompida assim que a decisão majoritária foi alcançada, não sendo necessária a leitura dos outros três votos.

Carla Cepollina foi absolvida. E eu tenho 99,9% de certeza de que ela cometeu o crime. O problema é que eu analiso algumas provas circunstanciais, e tudo leva a ela, tudo. Ela estava lá pelo legista, no horário de morte indicado por ele. Ela estava lá atendendo o telefonema da delegada. Ela estava lá mandando mensagem do telefone do coronel para a delegada. Ela mente dizendo que ele estava dormindo e ele não estava; estava no banho. Não houve arrombamento das portas. O porteiro não viu ninguém estranho acessar o prédio. A pessoa que matou não foi lá com a intenção de executá-lo.

Na minha opinião, o crime em questão não foi intencional, não houve dolo, ou seja, não existiu a vontade de matar. Em um crime doloso, o agente age com intenção clara de tirar a vida de alguém. Já um crime culposo ocorre por imperícia, negligência ou imprudência. No caso de Carla, imperícia não poderia ser alegada, pois ela tinha conhecimentos básicos sobre armas de fogo; imprudência também não se aplica, já que não houve nenhuma brincadeira com a arma. E negligência, no sentido de deixar uma arma carregada em local acessível a terceiros, não se encaixa, pois Carla não era responsável pela guarda da arma, e sim o próprio coronel.

Portanto, a situação mais coerente é considerar o fato como um disparo não intencional, um homicídio culposo por imperícia. Isso porque, mesmo com treinamento, pode ocorrer uma falha no manejo, principalmente em uma situação emocionalmente tensa.

Sim, Carla poderia ser descrita como impulsiva, teimosa, temperamental, mas nada disso, por si só, prova a autoria intencional de um homicídio. Para sustentar que uma personalidade impulsiva levaria ao ato de matar seria necessário um laudo psicológico formal, assinado por um especialista, apontando esse risco de explosão violenta. E isso nunca foi produzido no processo.

Na minha análise, o mais provável é que tenha ocorrido um disparo não intencional durante uma discussão acalorada: ele avançou, ela estava armada, e o tiro aconteceu. O segundo crime, sim, foi a omissão de socorro. O coronel não teve morte instantânea, segundo o legista; ele teve alguns minutos de sobrevida. E Carla não chamou ajuda médica, não ligou para o resgate. Talvez, mesmo com o disparo, fosse tarde demais para salvá-lo, mas o abandono configura omissão de socorro.

No fim, o que se vê é um triste desfecho para uma história que, em algum momento, teve amor entre duas pessoas; uma delas, uma figura pública como o coronel Ubiratan Guimarães, cujo assassinato tornou-se comentado em todo o país e que permanece sem solução.

CAPÍTULO 4

O CASO DO MANÍACO DO PARQUE

Data	:	24 de julho de 1998 Perícia de natureza complementar – Vistoria de local
Local	:	Avenida Alcântara Machado, 1000-C, Brás, São Paulo, SP
Vítima	:	Selma Ferreira Queiroz
Autor	:	Francisco de Assis Pereira
Perito relator	:	Ricardo da Silva Salada
Delegado	:	Sérgio Luiz dos Santos Alves
Equipe	:	Equipe C Sul do Departamento de Homicídios e de Proteção à Pessoa (DHPP)
Promotor	:	Edilson Mougenot Bonfim
Defesa	:	Maria Elisa Munhol

O assassino

Francisco de Assis Pereira, conhecido como o Maníaco do Parque, foi um dos assassinos em série mais notórios do Brasil, responsável por uma sequência de crimes que chocou o país no fim dos anos 1990. Ele ganhou esse apelido devido à área onde agia: o Parque do Estado, uma imensa área verde da Zona Sul, na capital paulista, divisa com o município de Diadema.

Perfil do autor e *modus operandi*

Francisco trabalhava como motoboy e tinha uma conversa envolvente para atrair mulheres jovens. Ele se apresentava como caçador de talentos ou fotógrafo de moda, prometendo sessões fotográficas e a possibilidade de ingressar em agências de modelos. Assim, ele convencia as vítimas a acompanhá-lo até áreas isoladas do parque.

Uma vez dentro da mata, longe de qualquer socorro, ele violentava sexualmente as vítimas, espancava-as e as estrangulava, geralmente usando as próprias roupas das mulheres ou galhos e cipós encontrados no local. Muitas vítimas eram deixadas nuas ou parcialmente despidas, e alguns corpos eram dispostos de forma a dificultar sua localização imediata.

Número de vítimas e investigação

Francisco confessou o assassinato de onze mulheres, além de vinte e três ataques. Das sete vítimas que constam da condenação de Francisco, apenas uma não foi identificada. O padrão de crime, a área de atuação, o método de abordagem e o relato das vítimas sobreviventes foram determinantes para a Polícia Civil identificar uma conexão entre os casos.

Com o aumento do número de corpos localizados, a imprensa passou a dar grande cobertura ao caso, alimentando o clamor público e pressionando as autoridades a dar uma resposta rápida à sociedade.

Prisão e julgamento

Francisco foi incluído na lista dos criminosos mais procurados do país e capturado em 6 de agosto de 1998, na cidade de Itaqui, a setecentos e trinta e um quilômetros de Porto Alegre, graças à denúncia de um pescador, que o reconheceu pelas fotos divulgadas diariamente em todo o país.

Francisco confessou diversos crimes, detalhando como atraía e assassinava suas vítimas.

No julgamento, foi condenado a duzentos e sessenta e nove anos, nove meses e dez dias de reclusão em regime fechado por homicídio qualificado, por subtrair para si ou para alguém coisa alheia móvel, por constranger mulher a conjunção carnal mediante violência física ou grave ameaça, por atentado violento ao pudor, por ato libidinoso diverso da conjunção carnal e ocultação de cadáver.

Em dezembro do ano 2000 houve uma rebelião em Taubaté, onde os detentos exigiam a transferência de alguns presos. Francisco foi mantido como refém, e a mídia chegou a divulgar que ele estaria morto. Após trinta e seis horas e nove mortos, a rebelião chegou ao fim. Cerca de noventa e cinco presos foram transferidos para outras unidades prisionais, e Francisco foi um deles, transferido para um centro de detenção provisória. Atualmente Francisco cumpre pena em regime fechado na Penitenciária Orlando Brando Filinto, em Iaras, cidade no interior de São Paulo localizada a duzentos e setenta quilômetros da capital paulista.

No sistema penal brasileiro, porém, o tempo máximo de cumprimento de pena é limitado a trinta anos, conforme a legislação vigente na época dos fatos.

Aspectos periciais

A investigação pericial foi crucial para comprovar a autoria e a dinâmica dos assassinatos. Os exames necroscópicos revelaram padrão de morte por estrangulamento e sinais de violência sexual. Além disso, perícias em vestígios de fios de cabelo, impressões digitais e roupas reforçaram as provas materiais. O depoimento das vítimas sobreviventes ajudou a traçar o padrão psicológico de Francisco, permitindo elaborar um perfil criminal detalhado.

Impacto social

O caso do Maníaco do Parque tornou-se marco na história da criminalidade brasileira, servindo de referência em estudos de criminologia, psicologia forense e perícia criminal. Sua repercussão mobilizou debates sobre segurança pública, cuidados com abordagens de recrutamento para agências de modelos e vulnerabilidade de mulheres jovens.

O CASO, A PERÍCIA, MEU RELATO

Trabalhar na perícia criminal me ensinou a conviver com histórias que, muitas vezes, ultrapassam o limite do suportável para qualquer ser humano. Cada local de crime que eu piso carrega marcas de vidas interrompidas, de famílias destroçadas e de perguntas que insistem em ecoar muito tempo depois que as fitas de isolamento são removidas. Costumo dizer que na minha profissão não existe rotina: cada cena é um quebra-cabeça que, quando montado, raramente traz alívio. Na maioria das vezes o que resta é o peso do que foi descoberto.

Alguns casos, no entanto, ganham contornos que permanecem gravados na mente de quem esteve lá.

O assassinato de Selma Ferreira Queiroz foi um desses.

Lembro-me perfeitamente do dia em que fui chamado para uma perícia que, à primeira vista, parecia pequena: o entupimento de um banheiro. Ninguém imaginava que dali sairia uma peça que ajudaria a reforçar a ligação de um assassino cruel com mais uma de suas vítimas.

O último contato de Selma Ferreira Queiroz foi com o namorado, para avisar que não chegaria a tempo de ver o jogo do Brasil contra a Dinamarca, naquele dia 3 de julho de 1998. O corpo da jovem foi encontrado no interior da mata do Parque do Estado, em São Paulo, no dia seguinte. Ela estava nua, com sinais de estupro e espancamento. Havia marcas de mordidas nos ombros, nos seios e no interior das pernas. Selma morreu estrangulada, e o corpo foi visto por um rapaz que entrou no local para procurar uma pipa.

Selma Ferreira Queiroz foi uma das vítimas de Francisco de Assis Pereira, que ficou nacionalmente conhecido como Maníaco do Parque. No âmbito desse caso, atuei em uma perícia de natureza complementar, relacionada à localização do documento de identidade da vítima.

O Registro Geral (RG) de Selma foi encontrado dentro de um vaso sanitário na empresa de motoboys onde Francisco trabalhava. O documento apresentava sinais de tentativa de queima, comportamento típico de assassinos em série, que frequentemente mantêm consigo algum objeto das vítimas como lembrança (o chamado *souvenir criminal*). Posteriormente, Francisco tentou desfazer-se do RG jogando-o no sanitário, porém o documento permaneceu preso em seu interior, causando entupimento.

A solicitação para a perícia de vistoria de local surgiu após a desobstrução de um vaso sanitário, onde foi localizado o RG de Selma preso no encanamento. Para garantir que não houvesse outros elementos de interesse, procedemos à desmontagem e à quebra do vaso sanitário para inspeção completa. Nenhum outro vestígio relevante foi localizado naquele ponto. Era o dia 14 de julho de 1998, por volta das treze horas, quando a equipe de perícia de plantão do DHPP compareceu à Avenida Alcântara Machado, 1000-C, no bairro do Brás, com o objetivo de realizar levantamento técnico-pericial. O local correspondia à sede da empresa J. R. Moto Express. O acesso ao imóvel, feito por uma porta do tipo cortina metálica, com sistema de segurança e fechadura, não tinha sinais de arrombamento. Internamente, trata-se de um espaço pequeno, contendo um escritório localizado no terço esquerdo da parede posterior e um banheiro no terço posterior da parede lateral direita.

Segundo informações prestadas por funcionários da empresa, o vaso sanitário apresentava obstrução e não dava vazão. Ao ser removido para desentupimento, foi encontrado um fragmento de osso, aparentemente costela de origem animal, obstruindo a passagem. Após a remoção desse fragmento, foram localizados outros materiais: um pedaço parcialmente queimado de documento de identidade e fragmentos de fotografias. O documento foi identificado como pertencente a Selma Ferreira Queiroz.

O vaso sanitário não foi removido do local – ele permaneceu na empresa. Quebramos o vaso ali mesmo, pois poderia haver algo dentro que fosse relevante para a perícia. Após a quebra, o vaso foi deixado lá para posterior descarte, pois não havia mais nenhum elemento de interesse investigativo ou pericial em seu interior.

Nessa fase, o corpo de Selma já havia sido localizado na área interna de mata do Parque do Estado. Francisco, por sua vez, já se encontrava em fuga, com informações de deslocamento por Foz do Iguaçu, Argentina e região Sul do Brasil. O exame do local onde foi encontrado o RG configurou-se, portanto, como uma perícia complementar, vinculado ao conjunto de diligências técnicas que consolidavam os indícios contra o autor dos homicídios em série.

A presença do documento no local de trabalho do investigado reforçou a ligação direta entre Francisco de Assis Pereira e mais essa vítima, servindo como elemento adicional de corroboração em um inquérito que já contava com múltiplas evidências e testemunhos.

Eu acompanhava o caso do Maníaco do Parque paralelamente, tanto pelo que emergia das investigações quanto pelo volume de informações veiculadas na mídia. Naquele período, o perito Ermindo Lopes Filho recebeu da fotógrafa técnica policial Telma Rocha uma fotografia de uma das mordidas encontradas em uma vítima. O objetivo era claro: Ermindo deveria analisar a peculiaridade daquela marca de mordida, pois apresentava um espaçamento incomum entre os dentes, uma arcada dentária atípica, indicativa de uma característica individualizada.

Francisco de Assis Pereira já havia comparecido ao DHPP para prestar depoimento, pois havia emitido um cheque falsificando a assinatura de Isadora Fraenkel, uma de suas vítimas. Na ocasião, apresentou uma justificativa, foi liberado e passou a ser monitorado.

Diante da suspeita, Ermindo decidiu aprofundar a análise. Na época, havia um grupo de patinadores noturnos conhecidos como *night rollers*, que se reuniam na região do Parque do Ibirapuera. Francisco, no meio deles, era chamado de "Chico Estrela". Em uma reportagem gravada em fita de videocassete, tecnologia comum na época, mas hoje quase obsoleta, Ermindo localizou uma entrevista em que Francisco aparecia.

Munido da fotografia da arcada dentária ampliada, capturada na vítima pelas lentes de Telma Rocha, Ermindo iniciou um trabalho meticuloso: comparou quadro a quadro, observando momentos em que Francisco, sorrindo ou falando, expunha os dentes. A comparação entre o registro da mordida e a imagem televisiva revelou uma coincidência notável: o espaçamento, o alinhamento e as proporções dos dentes conferiam com precisão.

Esse cruzamento de informações visuais foi um dos elementos técnicos que reforçaram as suspeitas sobre Francisco de Assis Pereira, integrando o conjunto probatório que subsidiou o cerco policial e a posterior prisão do autor de uma das séries de crimes mais notórias da capital paulista.

Em 6 de agosto de 1998, por volta das 20h15, quando Francisco de Assis Pereira foi localizado e preso na cidade de Itaqui, nas margens do Rio Uruguai, no Rio Grande do Sul, ele foi imediatamente conduzido para a equipe de perícia. Naquele momento contávamos com três profissionais especializados na área odontológica: João Roberto Lavras Unterpertinger e Jefferson Del Carlo, ambos lotados no DHPP, e Eduardo de Menezes Gomes, que atuava em odontologia legal e também já havia passado pelo departamento. Os três odontologistas deram início a um trabalho detalhado de análise da arcada dentária de Francisco.

Durante o exame, Francisco afirmou que, por causa de uma agressão que havia sofrido no Rio Grande do Sul, teria perdido um dente. Para confirmar ou refutar essa alegação, os peritos coletaram moldes, fizeram registros em cera e procederam a todos os levantamentos necessários para comparação. Francisco, nesse momento, colaborou integralmente, mantendo-se calmo – uma característica comum em indivíduos com o perfil psicológico de *serial killers*, que costumam apresentar autocontrole notável, mesmo sob pressão.

Eu me recordo vividamente da cena: enquanto aguardava no banco da sala de perícia, ele chegou a dizer, de forma serena: “Deus sabe que eu sou inocente”. O trabalho seguiu por horas, com o trio de especialistas documentando cada detalhe da mordida.

No desfecho dessa coleta, o perito Ermindo Lopes Filho apareceu com a fotografia impressa da marca de mordida encontrada em uma das vítimas. Aproximou-se de Francisco, exibiu a imagem e questionou, incisivo: “Está vendo isto aqui? Lembra dessa mordida que você deu na fulana?”.

A reação de Francisco foi imediata: arregalou os olhos, em claro sinal de choque, uma ruptura momentânea em sua postura controlada. Esse foi o momento em que seu equilíbrio psicológico começou a ruir. Até então, ele acreditava que toda a mobilização da perícia se devia apenas à suposta perda de um dente durante a fuga. Mas o confronto direto com a evidência mudou o rumo do interrogatório.

A singularidade da arcada dentária de Francisco foi confirmada por todos os exames subsequentes, consolidando um elo técnico entre ele e as vítimas. Durante todo esse processo ele permaneceu sob custódia na própria sala de perícia, completamente isolado. O prédio contava com janelas gradeadas – ainda hoje é assim –, e uma única saída principal, guardada por mais de cinquenta policiais. Não havia possibilidade de fuga.

Estamos em 2025, e dentro de três anos Francisco de Assis Pereira, amplamente conhecido como Maníaco do Parque, deverá estar em liberdade, com idade aproximada de sessenta anos. É relevante destacar que a psicopatia, diferentemente de diversos transtornos mentais, é considerada uma condição de base orgânica, com evidências de alterações funcionais sobretudo nos lóbulos frontais e temporais do cérebro. Quando tais regiões se apresentam comprometidas, há impacto direto sobre o autocontrole, a empatia e a capacidade de experimentar culpa.

Francisco de Assis Pereira recebeu o diagnóstico de transtorno de personalidade antissocial no seu grau mais severo. Essa condição traz à tona um perfil marcado por traços fortes e inconfundíveis de uma personalidade que desafia as normas sociais e revela um lado obscuro e implacável.

Um indivíduo com esse perfil não sente culpa e não reconhece suas ações como erradas ou moralmente condenáveis. No caso específico de Francisco, observa-se uma progressão delitiva nítida: iniciou como estuprador, escalou para condutas de violência reiterada e culminou em homicídios em série. Tal trajetória evidencia uma psicopatia em franca escalada, cujo padrão de agravamento tende a se perpetuar sempre que rompidos os freios morais e sociais.

Mesmo sob regime prisional, Francisco manteve relacionamentos afetivos e chegou a contrair matrimônio, sendo notório o interesse de inúmeras mulheres em estabelecer vínculos com ele, fato que reforça o traço de sedução manipuladora característico de indivíduos com transtorno de personalidade antissocial.

Assim, quando Francisco reassumir a liberdade, a sociedade estará novamente exposta a um indivíduo cuja estrutura psíquica permanece inalterada. No meu entender, trata-se de uma constatação preocupante, pois ele já demonstrou, por meio de seu histórico, a inexistência de barreiras éticas ou emocionais que o contenham diante de novas oportunidades de delinquir.

Com base na minha vivência profissional, sustento: Francisco era, e continua sendo, plenamente consciente de cada um de seus atos. Não saía às ruas ao acaso, em transe ou dominado por uma suposta "voz interna". Ao contrário, ele arquitetava encontros, selecionava de maneira criteriosa suas vítimas, ganhava a confiança delas e organizava todo o contexto para conduzi-las a um ambiente isolado e vulnerável. Se no instante final do ato homicida houvesse um gatilho mental, isso não anularia o planejamento racional que precedeu o crime. O domínio sobre cada fase da execução é, portanto, incontestável.

Outro aspecto crucial: para o psicopata, o prazer não reside unicamente no ato de matar, mas na sensação de poder e dominação absoluto sobre a vida da vítima. O auge do controle é determinar, deliberadamente, se ela viverá ou morrerá. Essa supremacia sobre a vida alheia é, em essência, o maior combustível emocional para perfis como o de Francisco. Ainda que ele não fosse capaz de conceituar esse prazer em termos racionais, cada ação demonstra que o buscava intencionalmente.

Por fim, há quem defenda a tese de semi-imputabilidade em seu caso, mas considero tal classificação extremamente frágil neste contexto. O semi-imputável compreende o caráter ilícito de seus atos, mas apresenta limitações significativas de autocontrole. No caso de Francisco, todos os elementos foram meticulosamente articulados: local, horário, narrativa persuasiva, abordagem e consumação do crime. Não se trata de ausência de controle, mas de uma decisão consciente de não refrear o impulso, justamente porque esse impulso era o núcleo de seu prazer patológico.

Portanto, na minha avaliação, Francisco é plenamente imputável. Sempre soube o que fazia, tinha plena consciência do caráter ilícito de suas ações e das consequências de seus crimes, mas optava deliberadamente por executá-los. O controle estava presente, ele apenas não tinha interesse em contê-lo. É esse fator que o torna um indivíduo de alto risco, mesmo após anos de reclusão. Não existe protocolo terapêutico capaz de reverter uma estrutura de personalidade psicopática consolidada. Assim, à sociedade resta acompanhar, com máxima vigilância, os desdobramentos de sua eventual liberdade.

Por ora, permaneço fiel ao meu campo de atuação: relatar o que testemunhei, periciei e compreendi. Em síntese, Francisco de Assis Pereira, condenado em 1998 a mais de duzentos e sessenta anos de reclusão por crimes que chocaram o país, poderá, em 2028, retomar a liberdade. Isso porque no Brasil, ainda que as penas somadas ultrapassem séculos, o limite de cumprimento da pena é de trinta anos. Ele foi enquadrado no regime anterior à alteração legislativa que definiu a pena máxima para quarenta anos. Contudo, sua soltura depende de rigorosas avaliações técnicas, incluindo perícias psicológicas e psiquiátricas, que deverão atestar, de forma fundamentada, se ele representa risco real à sociedade.

No Brasil, o tempo máximo de cumprimento de pena de trinta anos foi alterado para quarenta anos pela Lei n.º 13.964/2019, conhecida como Pacote Anticrime, sancionada em 24 de dezembro de 2019 e em vigor desde janeiro de 2020.

► Contexto e motivação

A alteração visou endurecer o sistema penal para crimes graves, principalmente homicídios qualificados, crimes hediondos, feminicídios e crimes cometidos por organizações criminosas, incluindo facções do crime organizado. A justificativa foi ampliar o tempo efetivo de encarceramento de indivíduos de alta periculosidade, respondendo à demanda por maior proteção da sociedade e combate à impunidade em delitos de extrema gravidade.

► Como era antes e como ficou

Antes: O Código Penal, no artigo 75, fixava o limite de trinta anos de prisão, independentemente da soma das penas impostas.

Depois: O mesmo artigo foi alterado para elevar o limite para quarenta anos, ajustando-se ao entendimento de que penas muito longas, embora somadas, não poderiam resultar em cumprimento além desse teto.

► Aplicação prática

O novo limite vale apenas para crimes cometidos a partir da vigência da lei (janeiro de 2020). Para crimes praticados antes dessa data, continua-se aplicando o teto de trinta anos, em respeito ao princípio da irretroatividade da lei penal mais gravosa.

* * *

O caso de Francisco de Assis Pereira, que ainda provoca temor e fascínio, é um lembrete de que a perícia não termina na coleta de vestígios: ela se projeta na prevenção, na análise de riscos e na permanente vigilância sobre o que a mente humana é capaz de conceber. Enquanto houver crimes, estaremos presentes, prontos para transformar vestígios em verdades.

CAPÍTULO 5

O ASSASSINATO DE MÉRCIA NAKASHIMA

POR DENTRO DE UMA PERÍCIA DE HOMICÍDIO

Data do desaparecimento	: 23 de maio de 2010, domingo
Horário	: desapareceu por volta das dezoito horas, após sair da casa da avó, na cidade de Guarulhos, SP
Local de encontro do carro	: Represa de Nazaré Paulista, Represa de Atibainha, no dia 10 de junho, pelo Corpo de Bombeiros. Ficou desaparecida por dezoito dias
Encontro do corpo	: 11 de junho de 2010, por um pescador

Vítima	: Mércia Mikie Nakashima, de 28 anos
Arma	: revólver calibre .38
Autores	: Mizael Bispo de Souza e Evandro Bezerra da Silva
Perito	: Ricardo da Silva Salada
Delegado	: Antônio Assunção de Olim
Delegacia	: 6° DP de Guarulhos – Boletim de ocorrência
Equipe	: Delegacia de Pessoas Desaparecidas do Departamento de Homicídios e de Proteção à Pessoa (DHPP)
Promotor	: Rodrigo Merli Antunes
Defesa	: Samir Haddad Junior e Ivon Ribeiro
Juiz	: Leandro Jorge Bittencourt Cano

A vítima

Mércia Mikie Nakashima era uma jovem advogada, de família tradicional, respeitada no meio jurídico e com carreira promissora. Formada em Direito, trabalhava em Guarulhos (SP) e mantinha vínculos profissionais e pessoais com Mizael Bispo de Souza, ex-policial militar e advogado, que viria a ser acusado pelo assassinato.

Perfil do assassino e *modus operandi*

Mizael Bispo de Souza, ex-policial militar e também advogado, tinha um relacionamento conturbado com Mércia. Após o término, segundo o Ministério Público, desenvolveu um sentimento de posse e vingança. No dia 23 de maio de 2010, Mércia desapareceu após visitar familiares. A investigação apontou que Mizael, com a ajuda do segurança Evandro Bezerra da Silva, atraiu

Mércia até a represa de Nazaré Paulista, onde ela foi alvejada no rosto, perdeu a consciência e foi submersa no carro, morrendo por afogamento.

Investigação

O caso teve grande repercussão devido à brutalidade do crime e à complexidade da investigação. O carro de Mércia foi encontrado submerso na represa em 10 de junho, e seu corpo, resgatado no dia seguinte. Fragmentos de alga, resíduos de sangue no sapato de Mizael e contradições nos álibis foram determinantes para ligar o ex-namorado à cena do crime. O depoimento de um pescador, que presenciou um homem empurrando o carro na água, foi peça-chave para esclarecer a dinâmica.

Prisão e julgamento

Após meses de investigação, Mizael foi indiciado por homicídio triplamente qualificado: motivo torpe, recurso que dificultou a defesa da vítima e meio cruel. Foi condenado em 2013 a vinte anos de prisão em regime fechado. Evandro, cúmplice, também foi julgado e condenado a dezoito anos de prisão por coautoria do crime.

Aspectos periciais

A perícia técnica desempenhou papel crucial na solução do caso. O exame necroscópico determinou que Mércia não morreu pelo tiro, mas por afogamento, indicando que ainda estava viva quando o carro foi submerso. Análises de vestígios de alga na sola do sapato de Mizael, fragmentos balísticos e reconstrução da cronologia ajudaram a fechar o cerco probatório. Monitoramento de ligações telefônicas, registro de pedágios e depoimentos fortaleceram o inquérito.

Impacto social

O assassinato de Mércia Nakashima mobilizou a opinião pública e serviu de alerta para casos de feminicídio praticados por ex-companheiros. Tornou-se referência em faculdades de Direito, cursos de perícia criminal e debates sobre medidas protetivas para mulheres em situação de risco. O caso reforçou a importância do trabalho integrado entre perícia técnica, inteligência policial e Judiciário para garantir justiça em crimes passionais de alta repercussão.

O CASO, A PERÍCIA, MEU RELATO

Mércia Nakashima foi assassinada pelo ex-namorado, o advogado e policial militar reformado Mizael Bispo de Souza, em uma represa localizada em Nazaré Paulista, na Grande São Paulo. A vítima foi atingida por um disparo no rosto, e seu carro foi empurrado para dentro da represa, onde ela acabou morrendo por afogamento.

Em um dos exames realizados pelo Instituto Médico Legal (IML), constatou-se, com base na fratura dental e na estrutura óssea comprometida, que o impacto teve origem em um projétil que não manteve força suficiente para se alojar. Para esclarecer essa hipótese, procedeu-se à remoção da porção superior dos lábios para análise laboratorial, quando foi identificado um fragmento de chumbo, confirmando a presença de resíduos balísticos.

Posteriormente, o perito Ermindo Lopes Filho examinou as vestes da vítima e constatou a presença de tecido queimado na blusa, o que reforçou o indicativo de disparo a curtíssima distância, popularmente classificado como disparo à queima-roupa, estimado entre contato direto e até cerca de três a cinco centímetros, o que é compatível para armas de calibre curto.

Assim, havia um trajeto claramente definido: entrada pelo braço, transfixação e impacto na arcada dentária, com ausência de projétil no corpo e sem orifício de saída.

Considerando o avançado estado de putrefação do cadáver e o inchaço decorrente da imersão prolongada na água, optou-se por remover o corpo para o IML, onde acompanhei pessoalmente o exame necroscópico, visando obter confirmação técnica de todos os detalhes balísticos e traumáticos.

No entanto, o médico-legista responsável não autorizou que eu acompanhasse integralmente o procedimento.

Vale destacar que no Instituto Médico Legal (IML) o acesso ao acompanhamento de exames depende, muitas vezes, da postura de cada legista. Há profissionais que compreendem que todos os órgãos envolvidos têm o mesmo objetivo: esclarecer a dinâmica do crime e consolidar a materialidade. Porém, há também quem restrinja a presença do perito criminal, dificultando o fluxo de informações.

No meu papel, cabe-me acompanhar, registrar e integrar as informações periciais, mas não tenho competência para impor prazos ou determinar quando a equipe médica iniciará ou concluirá procedimentos internos.

É importante ressaltar que o IML Central tem corredores internos que interligam suas dependências ao Hospital das Clínicas e ao Serviço de Verificação de Óbitos (SVO), o que facilita a realização de exames complementares. Na própria unidade a estrutura se limita, essencialmente, a exames de raios X. Para avaliações mais detalhadas, é necessário recorrer aos equipamentos hospitalares adjacentes.

Mércia Nakashima tinha vinte e oito anos quando saiu da casa da avó, em Guarulhos, por volta das seis da tarde de um domingo, 23 de maio de 2010. Dirigia seu Honda Fit, sem saber que aqueles seriam seus últimos instantes de vida. Seu desaparecimento foi notificado pela família, mas, como acontece em centenas de casos de pessoas desaparecidas, a investigação inicial caminhou sem muitos elementos. Tudo mudou com uma denúncia anônima: alguém indicou à família onde estaria o carro de Mércia, submerso na Represa Atibainha, em Nazaré Paulista.

Após as buscas na área da represa, o veículo foi localizado e removido, momento em que se constatou que o vidro da porta do motorista estava aberto. Diante dessa condição, é possível inferir que o corpo se desprendeu do interior do veículo durante a remoção.

Com o passar do tempo, o cadáver entrou na fase de flutuação e, pela ação do vento, foi deslocado até outra margem, ainda dentro do mesmo braço da represa, que, embora relativamente estreito, possui cerca de cem a cento e cinquenta metros de largura, o que já configura uma distância considerável.

O achado se deu quando o pescador local contratado pela família para fazer buscas avistou o corpo boiando e providenciou sua retirada da água. Do ponto de vista pericial, não havia necessidade de deslocamento imediato à outra margem para inspeção da área, uma vez que o local onde o cadáver emergiu não guardava relação direta com a dinâmica do crime, mas apenas refletia o trajeto natural imposto pelas correntes de vento e o estado de flutuação do corpo. O máximo que se poderia verificar seria um eventual enrosco em galhos submersos, sem relevância para a reconstituição dos fatos.

É importante esclarecer que a decomposição de um corpo submerso difere significativamente daquela observada em ambiente terrestre. Quando exposto ao meio ambiente, o cadáver está sujeito à ação de moscas que depositam ovos que se transformam em larvas e à intervenção de aves necrófagas e de outros animais, além dos fatores climáticos como calor, chuva e umidade, que aceleram ou modulam o processo de degradação dos tecidos.

Já na água os principais agentes de alteração cadavérica são os peixes e microrganismos aquáticos, não havendo a atuação típica de insetos terrestres ou de predadores maiores. No caso de Mércia, pude constatar que as lesões de predação foram mínimas: houve consumo apenas de partes periféricas, como as pálpebras, ponta das orelhas e extremidade do nariz, alterações relativamente comuns em corpos submersos. Se estivesse em área de mata, certamente a degradação seria muito mais severa.

Apesar disso, o corpo apresentava avançado estado de intumescimento, resultado direto da formação de gases produzidos pelas bactérias envolvidas na putrefação. Essa etapa é conhecida como fase gasosa. É importante compreender que, em casos de morte por afogamento, a dinâmica é outra: a vítima ingere água, afunda e permanece no fundo até que os gases da decomposição aumentem o volume do corpo, reduzam sua densidade relativa e o façam emergir. Por isso, quando encontramos um corpo boiando, sabemos que ele não morreu instantaneamente na superfície, mas seguiu esse ciclo natural do afogamento e do subsequente processo putrefativo que gera flutuação.

Fui acionado para o local em cumprimento à requisição da autoridade competente, uma vez que a equipe de perícia do DHPP presta suporte a ocorrências em toda a área de abrangência do Departamento. Ao chegar, constatei que o corpo já se encontrava na margem, fora da água. O irmão da vítima, Márcio Nakashima, acompanhou pessoalmente toda a operação.

Não foi necessário estabelecer perímetro de isolamento mais rigoroso, considerando-se que o local não configurava a cena primária do crime. Não havia elementos materiais a serem preservados na margem, tampouco risco de contaminação de vestígios relevantes. Ainda assim, as poucas pessoas presentes mantinham distância adequada, aproximadamente de dez a quinze metros, evitando qualquer interferência direta. A presença de veículos de imprensa no entorno também não comprometeu o procedimento técnico, uma vez que a prioridade era a análise do cadáver, e não a coleta de elementos adicionais no ponto de localização.

Trabalhei em poucos casos de afogamento durante minha carreira, sendo a maioria na Represa Billings. É importante distinguir entre o afogamento acidental e o homicídio dissimulado como afogamento, situação em que a vítima é submersa já inconsciente ou impossibilitada de reagir. Nesses casos, é comum encontrar o corpo com amarras, o que indica claramente que não houve possibilidade de natação e reforça a hipótese de crime doloso. O padrão mais recorrente é a vítima apresentar sinais de estrangulamento ou de contenção por cordas ou material similar.

Mércia foi localizada vestida, e minha perícia no local consistiu basicamente em uma inspeção visual do cadáver, dada a condição de putrefação avançada. A análise restringiu-se à documentação da situação em que o corpo foi encontrado, sem necessidade de manipulação aprofundada. Por esse motivo, optou-se por conduzir o corpo ao IML, onde seria possível realizar uma avaliação mais detalhada em ambiente controlado, com iluminação adequada e condições de assepsia.

A única anomalia evidente era uma deformidade na região bucal, a princípio pouco compreendida. Quando o corpo foi encaminhado ao IML e submetido a registro fotográfico mais detalhado, surgiram indícios de que poderia tratar-se de uma lesão provocada por disparo de arma de fogo. Iniciou-se, então, a busca por um possível orifício de saída, mas não foi localizado. Se o disparo tivesse sido realizado diretamente na arcada dentária, a destruição óssea seria mais extensa e, normalmente, o projétil deixaria um trajeto de saída ou permaneceria alojado, hipótese que seria confirmada ou descartada por exame radiográfico, o que não ocorreu, pois o projétil não foi encontrado.

No Instituto Médico Legal os registros fotográficos mostraram que o único ponto de interesse era a lesão na arcada dentária, mantendo-se a hipótese preliminar de disparo de arma de fogo. Ainda assim, persistiam incoerências: se fosse um tiro direto, os danos ósseos seriam mais severos, e o projétil deveria estar alojado ou ter deixado marca de saída, o que não se confirmou na análise pericial.

Como o corpo de Mércia chegou ao IML ainda com as vestes originais, o perito Ermindo solicitou a análise detalhada das roupas. Durante esse exame, foi identificada uma perfuração na região do braço esquerdo. A peça foi encaminhada ao laboratório de física do Instituto de Criminalística (IC), onde, sob análise microscópica, foi possível observar que a área da perfuração apresentava sinais de queima.

Atualmente, tecidos compostos cem por cento de algodão são raros; a maioria contém mistura de fibras sintéticas, como poliéster ou elastano, que, quando expostas a altas temperaturas, retraem-se de maneira característica. Essa retração, visível ao microscópio, permitiu confirmar que o tecido fora submetido a uma fonte térmica intensa, compatível com disparo de arma de fogo a curta distância. Na blusa foram identificados dois orifícios: um com evidências de queimadura e outro sem, indicando que o projétil transfixou o braço.

Dessa forma, concluiu-se que Mércia recebeu um disparo no braço esquerdo, o qual transpassou o membro e atingiu a boca. A dinâmica aponta para uma manobra de contenção: o agressor provavelmente puxou o braço esquerdo da vítima para a frente e efetuou o disparo por trás do braço. O projétil, ao perder energia ao atravessar o braço, impactou a região bucal, quebrando parte da arcada dentária, mas não permaneceu alojado.

Nesse momento, o principal suspeito era o então ex-namorado, Mizael Bispo de Souza, um sujeito considerado violento, que não se conformava com o término do namoro.

Quando o corpo de Mércia Nakashima foi finalmente localizado na represa, Mizael Bispo de Souza manteve uma postura extremamente controlada e defensiva. Publicamente, negava qualquer envolvimento com o crime, sustentando a versão de inocência até o fim. Durante todo o período das buscas, inclusive após a descoberta do carro e do corpo, ele adotava uma atitude calculada: aparecia pontualmente com advogados, evitava declarações comprometedoras à imprensa e procurava confrontar as autoridades, especialmente o delegado responsável, criando um ambiente de embate direto.

Ele se apresentava como vítima de uma acusação injusta, explorava tecnicamente sua experiência como advogado para contestar provas e sustentava argumentos para descredibilizar a investigação.

Enquanto a família de Mércia e a opinião pública viviam o luto e a indignação, Mizael insistia em reafirmar que não tinha relação alguma com a morte dela, uma conduta que, para muitos investigadores e para nós, peritos, revelou um perfil de frieza, dissimulação e alto controle emocional, típicos de alguém que planejou cada detalhe do crime e se preparou para responder com calculada negação.

A hipótese mais plausível é de que tenha ocorrido uma discussão dentro do veículo. Posteriormente, houve uma varredura minuciosa no automóvel, já na garagem do DHPP, quando o projétil foi localizado em seu interior, reforçando essa sequência de eventos. Essa coleta dos projéteis também ficou sob a responsabilidade do perito Ermindo Lopes Filho. A partir daí, o material balístico foi encaminhado à autoridade policial, com vistas à realização do confronto balístico com a arma apreendida, fechando um elo técnico entre a arma do crime e a lesão observada na vítima.

No decorrer das investigações, um pescador relatou ter visto, na noite do desaparecimento de Mércia, um indivíduo alto, do sexo masculino, empurrar um veículo de cor prata para o interior da represa.

Segundo ele, antes de o carro submergir, ainda ouviu gritos, o que reforçou a hipótese de que a vítima se encontrava viva no momento em que o veículo foi lançado na água.

Esse depoimento motivou a realização de uma reprodução simulada, para averiguar a veracidade do relato.

Para essa operação foi mobilizado um barco do Corpo de Bombeiros, no qual estavam presentes a fotógrafa criminal Telma Rocha, o perito Renato Domingos Patolli, o delegado responsável Antônio Assunção de Olim, além de outros integrantes da equipe. O objetivo era reproduzir, nas condições mais próximas possíveis da data do crime, mesmo horário, fase lunar e condições climáticas semelhantes, a cena narrada pelo pescador.

A reprodução foi conduzida com o objetivo de verificar, em termos de acuidade visual, se seria realmente viável para o pescador, posicionado no ponto exato em que afirmou estar, observar os detalhes que descreveu. Utilizou-se comunicação via rádio HT, um rádio intercomunicador portátil, conhecido antigamente como *walk talk*, entre as duas margens: uma equipe permaneceu no local onde o carro foi encontrado, enquanto outra se posicionou na extremidade do braço da represa, local indicado pelo pescador.

Durante o procedimento, Telma Rocha realizava registros fotográficos com lentes de *zoom*, tentando captar qualquer detalhe da movimentação de pessoas próximas ao veículo. Mesmo com o auxílio do equipamento fotográfico, era necessário ampliar ao máximo as imagens na própria câmera para confirmar a presença de alguém atrás do carro, detalhe que, a olho nu, era praticamente impossível de perceber.

O pescador, no entanto, demonstrou notável precisão: ele identificava, com clareza, se havia alguém ao lado, atrás ou empurrando o veículo, mesmo sem contato direto com a equipe. Sua descrição batia exatamente com os movimentos que a equipe realizava para testar a coerência de seu testemunho. Em várias situações, antes mesmo de ser questionado, o pescador antecipava a informação correta, demonstrando uma acuidade visual excepcional. Ele relatava detalhes como: "Um homem chegou, posicionou-se atrás do veículo, empurrou, e então ouvi um grito". Essa descrição foi coerente com o ambiente: era noite, havia silêncio absoluto na área, e qualquer som se propagava facilmente sobre a superfície da água, sem obstáculos, o que tornava perfeitamente plausível que ele tivesse ouvido e visto o que relatou.

A reprodução simulada foi fundamental para validar a credibilidade do depoimento do pescador e fortalecer a linha investigativa de que Mércia foi, de fato, lançada ainda viva na represa.

O depoimento desse pescador foi essencial para estabelecer parte da dinâmica de descarte do veículo de Mércia na represa.

Complementarmente, houve uma reunião entre o delegado Antônio Assunção de Olim e o perito Renato Domingos Patolli para aprofundar a investigação com análise de solo. O objetivo era verificar se havia resquícios de terra idênticos à da margem da represa nos calçados de Mizael, o principal suspeito.

Para isso, obteve-se mandado de busca e apreensão na residência de Mizael, permitindo que o perito selecionasse pares de sapatos que apresentassem sinais de resíduos compatíveis. O foco era coletar amostras com vestígios de terra para confronto em laboratório, a fim de comprovar a presença dele na área da represa.

A equipe realizou, ainda, uma reprodução simulada na margem da represa coordenada pelo perito Renato Patolli, ação conduzida de forma a confrontar a versão de Mizael com os fatos apurados.

Minha atuação concentrou-se principalmente no acompanhamento do encontro do corpo e na supervisão de toda a etapa de reprodução simulada, por se tratar de uma circunstância que envolvia elementos atípicos, como a impressionante acuidade visual do pescador, fator que se mostrou decisivo para a consolidação das conclusões periciais neste caso.

No meu entendimento, a prova técnica mais robusta contra Mizael foi justamente o laudo relacionado à análise do sapato. Durante a análise, a perita identificou uma fístula, um fragmento microscópico de alga, que extrapolava sua área de especialização. Para elucidar a natureza desse vestígio, recorreu-se à perita Dea Cerdeira Morellato, que acionou o biólogo Carlos Eduardo de Mattos Bicudo, renomado professor da Universidade de São Paulo, autoridade internacionalmente reconhecida em botânica aquática. Foi ele quem atestou que aquela fístula correspondia a uma espécie de alga específica daquele braço da represa, presente a uma profundidade aproximada de trinta centímetros do nível da água.

Esse dado foi incontestável: não havia justificativa plausível para explicar a presença dessa alga em um sapato, a não ser pela imersão direta na água. A tese de "fui pescar" não se sustenta, já que ninguém adentra a represa calçando sapatos. No julgamento, quando questionado se afirmava que Mizael esteve fisicamente no local, o perito Renato respondeu com precisão: "Eu atesto que o sapato esteve na margem da represa. Quem o calçava, não posso afirmar". A inferência, porém, era lógica: dificilmente alguém emprestaria calçados para entrar na água daquela forma.

Assim, entendo que esse laudo representou uma das provas técnicas mais consistentes para posicionar Mizael na cena do crime, corroborando o conjunto de evidências que permitiu esclarecer a dinâmica do homicídio de Mércia Nakashima.

Vale ressaltar que o local escolhido para a ação era extremamente ermo. Mércia, ao que tudo indica, não foi inicialmente coagida sob ameaça de arma de fogo, mas, sim, por imposição psicológica ou verbal. Considerando se o histórico de relacionamento entre ambos, é plausível afirmar que ela consentiu em encontrá-lo, tanto que Mizael deixou seu veículo estacionado em Guarulhos e seguiu com ela no carro dela. Isso evidencia que não houve uma abordagem abrupta ou um sequestro no sentido clássico.

Na minha análise, o que possivelmente ocorreu foi uma escalada de tensão: o diálogo inicial, aparentemente amigável, evoluiu para um cenário de coação psicológica, que conduziu Mércia a um local absolutamente isolado, escolha que por si só demonstra premeditação. O isolamento extremo indica clara intenção de dificultar qualquer tentativa de fuga, testemunho ou socorro.

Outro ponto técnico relevante: para acessar aquele trecho até a beira da represa, era necessário conhecimento prévio da topografia. Não se trata de um local que se encontra por acaso. Quem desce por ali precisa conhecer o caminho para garantir o retorno. Portanto, Mizael demonstrou total domínio do ambiente, o que reforça a hipótese de planejamento.

Em suma, toda a logística – o trajeto, a escolha do horário, o isolamento e o modo de execução – aponta para um crime cuidadosamente arquitetado, executado em um cenário que diminuía ao máximo a possibilidade de intervenção de terceiros.

Foi constatado, também, pela posição dos bancos, que era Mércia quem dirigia no momento em que o carro foi lançado na água: o banco do motorista estava ajustado para uma pessoa de baixa estatura, enquanto o do passageiro, recuado ao máximo, indicava a presença de um ocupante de porte físico maior. Isso reforça a hipótese de que Mizael se deslocou com ela no veículo dela após encontrá-la em Guarulhos.

É relevante observar que o carro de Mizael, equipado com rastreador ou GPS, permaneceu estacionado em Guarulhos, o que corrobora essa dinâmica.

A cidade de Nazaré Paulista, onde a represa está localizada, faz divisa com Guarulhos, local de origem do desaparecimento. Por essa razão, o boletim de ocorrência inicial foi registrado em Guarulhos, onde Mércia foi vista pela última vez. Além disso, considerou-se a infraestrutura do Fórum de Guarulhos, muito mais adequada para comportar um julgamento de alta repercussão, justificando a centralização processual naquele município.

Em síntese, o disparo que atingiu Mércia corresponde ao mesmo projétil que penetrou pela face externa ou posterior do braço esquerdo, transfixou-o e atingiu a mandíbula, provocando fratura óssea, porém sem perfuração dentária completa ou orifício de saída detectável. A trajetória indica que, ao atravessar o braço, o projétil perdeu parte significativa de sua energia cinética, sendo suficiente para fraturar a estrutura óssea da arcada, mas insuficiente para prosseguir seu trajeto ou permanecer alojado de forma detectável no exame inicial.

Tecnicamente, o cenário mais plausível aponta que Mércia encontrava-se dentro do veículo, provavelmente ciente do risco iminente de morte. Ocorreu uma discussão acalorada, durante a qual a vítima reagiu fisicamente, tentando agredir ou defender-se de Mizael. Diante disso, ele teria imobilizado a vítima, cruzando o braço dela à frente do corpo, criando a condição para o disparo.

Do ponto de vista da reconstrução da cena, a posição do banco do motorista e a presença de Mizael, de porte físico consideravelmente maior, indicam que a dinâmica de imobilização seria tecnicamente difícil se Mércia estivesse sentada, em posição de direção, com o braço esquerdo puxado para a frente. Assim, a hipótese mais coerente é que, no momento do disparo, a vítima estivesse parcialmente de lado ou voltada para o agressor, em uma reação física imediata, facilitando o domínio de seu braço esquerdo e a execução do disparo a curta distância.

Portanto, todo o contexto técnico e a análise da trajetória balística corroboram que o crime ocorreu em ambiente confinado, o interior do veículo, possivelmente durante uma briga corpo a corpo, e com forte indicação de imobilização deliberada para conter a vítima antes do disparo.

Inicialmente tratado como suspeito, o principal elemento que fundamentou a investigação e levou à decretação da prisão temporária de Mizael foi o rastreamento das ERBs, sigla que designa as Estações Rádio Base, ou seja, as antenas de telefonia celular que registram a presença de um aparelho em determinada região. A análise técnica comprovou que, na data e horário compatíveis com o crime, o sinal do telefone de Mizael estava ativo na área da represa. Além disso, a investigação apurou que seu amigo, Evandro, também esteve na região, presumindo-se que ele tenha auxiliado Mizael, possivelmente indo buscá-lo após o crime.

Outro dado relevante foi o rastreamento do veículo de Mizael, que permaneceu estacionado em Guarulhos durante a ação criminosa, evidenciando que ele se deslocou no automóvel de Mércia Nakashima. Posteriormente, o veículo de Mizael Bispo voltou a ser movimentado, sendo novamente captado pelas ERBs, corroborando a sequência dos fatos.

No plano comportamental, a postura combativa inicial, negando a autoria do crime, caiu por terra. Sua confiança na execução de um crime sem vestígios não se confirmou, pois deixou rastros significativos: a movimentação de seu telefone celular, a rede de ligações frequentes com Evandro, que contradizia sua negativa de proximidade, e, sobretudo, a perícia do calçado.

Portanto, mesmo sem testemunhas oculares diretas, a robustez do conjunto probatório – ERBs, ligações telefônicas, posicionamento de Evandro e a perícia do sapato – desmantelou a tese de inocência. Tecnicamente, a cadeia de evidências atestou que Mizael esteve na cena do crime, tornando-se impossível contestar tal conclusão diante do peso científico das provas reunidas.

No que se refere à questão dos telefones, é importante ressaltar que Mizael utilizava um aparelho que não estava registrado em seu nome, mas de uso constante, enquanto Evandro também operava um telefone igualmente não vinculado ao próprio nome. Ambos mantinham contato utilizando esses números, configurando um padrão que, do ponto de vista investigativo, evidencia um planejamento prévio para dificultar a rastreabilidade.

A análise técnica mostrou que, na rotina de uso, os dois aparelhos apresentavam registros simultâneos nas mesmas ERBs, o que demonstrou que circulavam fisicamente juntos, fato que aponta para o transporte concomitante de ambos por uma única pessoa. Em termos forenses, essa correlação de antenas reforça o vínculo entre os envolvidos e indica ação coordenada.

A escolha por utilizar linhas telefônicas não cadastradas em nome dos usuários reais demonstra tentativa de criar barreiras à identificação, estratégia típica de práticas ilícitas para burlar o monitoramento. Ainda assim, a sobreposição dos sinais captados pelas antenas neutralizou tal artifício, permitindo comprovar o deslocamento conjunto dos dispositivos.

No tocante ao rastreador instalado no veículo de Mizael, cabe destacar que esse equipamento, por procedimento padrão, é colocado de forma oculta pelo fornecedor, de modo que o próprio proprietário geralmente desconhece sua localização exata. Uma vez instalado, confia-se no monitoramento remoto realizado pela empresa contratada. Assim, os relatórios emitidos pela central de rastreamento já indicavam a trajetória do carro, o que atesta o correto funcionamento do dispositivo. Por esse motivo, entendeu-se não ser necessária uma perícia autônoma do rastreador, uma vez que o histórico gerado pela empresa de monitoramento já oferecia os dados de movimentação suficientes para subsidiar a investigação.

Em suma, a combinação de evidências telemáticas e o histórico de uso dos aparelhos celulares foram elementos decisivos para comprovar o elo entre Mizael e Evandro, bem como para consolidar a materialidade da presença do investigado na cena do crime.

É inegável que Mizael conhecia o terreno e premeditou o crime. Seu perfil demonstra características marcantes de dissimulação: negava insistentemente os fatos, desafiava abertamente as autoridades e mantinha postura defensiva agressiva, sustentando uma inocência incompatível com as evidências. Sob o ponto de vista comportamental, trata-se de um indivíduo de personalidade controladora, com forte traço de posse e possível histórico de dificuldade em lidar com rejeições. Considerando sua experiência de vida e histórico de relacionamentos anteriores, é ainda mais reprovável que tenha canalizado o término do vínculo com Mércia para um ato extremo de violência.

No contexto de criminologia, trata-se de um caso típico de feminicídio: a motivação central está ligada ao fato de a vítima ser mulher, ex-companheira, e ter tentado encerrar o relacionamento. Essa recusa teria desencadeado uma escalada de violência que culminou na morte.

Quanto ao enquadramento jurídico, se ficou comprovado que Mércia ainda estava viva ao ser submersa, configura-se o homicídio com a qualificadora de meio cruel; se já estivesse morta, o ato de lançar o carro na represa caracteriza a ocultação de cadáver; ambos não podem coexistir na mesma denúncia para o mesmo ato, sendo que o meio cruel pesa mais na definição da pena.

No tocante ao comportamento abusivo, é coerente afirmar que decorre de insegurança extrema, reforçada por tendências possessivas. Tal conduta abusiva costuma evoluir para violência psicológica e física, agravando o risco de feminicídio. Ainda que a vítima, em dado momento, tenha mantido o relacionamento, isso não diminui a responsabilidade criminal do autor, cuja conduta revela forte indicativo de distúrbio comportamental digno de avaliação psiquiátrica.

O envolvimento de Evandro também é relevante: desempenhava o papel de executor de tarefas para Mizael, agindo como subordinado e facilitador de ações, evidenciando falta de discernimento e postura negligente quanto à gravidade dos atos.

Por fim, é importante lembrar que Mizael permaneceu foragido por mais de um ano, e ao se apresentar o fez no Fórum de Guarulhos. Na ocasião, seu advogado, Samir Haddad Júnior, declarou que o cliente só se entregaria após condenação definitiva, sob argumento de preservar sua carreira profissional, declaração que apenas reforça o padrão de negação, dissimulação e tentativa de manter aparência pública ilesa, características condizentes com o perfil traçado pela perícia criminal e pela investigação.

Em março de 2013, Mizael Bispo de Souza foi condenado a vinte anos de reclusão pelo homicídio de Mércia Nakashima. A sentença foi proferida no dia 14 de março pelo juiz Leandro Jorge Bittencourt Cano, que, respeitando a decisão soberana dos jurados, fixou a pena em regime inicial fechado. Mizael Bispo e Evandro Bezerra Silva foram condenados por homicídio doloso qualificado, com agravantes de motivo torpe, meio cruel e recurso que dificultou a defesa da vítima. Do ponto de vista técnico, a pena de vinte anos foi adequada, dentro dos parâmetros previstos na legislação, considerando-se as qualificadoras reconhecidas pelo júri popular. Ressalta-se que, na legislação penal brasileira, a pena base para homicídio simples é acrescida conforme a incidência das qualificadoras.

Contudo, uma questão que sempre considero pertinente destacar é a progressão de regime. No caso de Mizael, ele cumpriu aproximadamente metade da pena, já que a legislação atual permite que o condenado progrida para regimes mais brandos após o cumprimento de fração da pena.

Evandro Bezerra Silva foi condenado a dezoito anos e oito meses de reclusão por homicídio duplamente qualificado, reconhecido como coautor devido à facilitação da fuga de Mizael. Dentro do ordenamento jurídico, a participação de Evandro foi enquadrada como coautoria para fins de responsabilização penal, assegurando que a pena fosse proporcional à gravidade de sua contribuição para o crime.

Um marco inédito nesse caso foi a transmissão, em tempo real, do julgamento pelo Tribunal do Júri, com o uso de múltiplos canais de comunicação, incluindo televisão, rádio e plataformas online. Essa abertura ao público permitiu que qualquer cidadão acompanhasse integralmente os debates, as teses apresentadas pelo Ministério Público e os argumentos de defesa, o que deu uma oportunidade valiosa para profissionais, acadêmicos e a sociedade em geral compreender, de forma transparente, a construção e a contestação de provas em um processo criminal.

* * *

O caso Mércia Nakashima notabilizou-se pelo rigor técnico da investigação e pela força do trabalho pericial, que esclareceu cada detalhe da dinâmica do crime. Do desaparecimento à descoberta do carro submerso e do corpo, cada pista foi reconstruída com base em evidências sólidas, depoimentos cruciais e análises laboratoriais minuciosas. Que esse caso siga como referência para a sociedade, para os operadores do direito e para as futuras gerações de profissionais da perícia criminal: não há silêncio que resista à voz dos vestígios.

CAPÍTULO 6

GIL RUGAI: PAI E MADRASTA ASSASSINADOS

POR DENTRO DE UMA PERÍCIA DE HOMICÍDIO

Data	: 28 de março de 2004
Local	: Bairro de Perdizes, São Paulo, SP
Vítimas	: Luiz Carlos Rugai e Alessandra de Fátima Troitino
Arma	: Pistola calibre 380
Condenado pelo duplo homicídio	: Gil Grego Rugai
Defesa de Gil	: Marcelo Feller e Thiago Gomes Anastácio

Defesa de Alessandra	: Ubirajara Mangini Kuhn Pereira
Chefe da Equipe de Perícias do DHPP	: Jane M. M. P. Belucci
Perito relatores do local	: Sebastião Hamilton de Oliveira Junior
Segundo signatário	: Ricardo da Silva Salada
Perito do laudo de natureza complementar	: Ricardo da Silva Salada
Fotógrafo do laudo de natureza complementar	: José Carlos Aloé
Delegados	: Mauricio José Mendes Resende e Rodolpho Chiarelli Junior
Equipe	: A Sul do Departamento de Homicídios e de Proteção à Pessoa (DHPP)
Promotor	: Rogério Leão Zagallo

O crime

O caso envolvendo o assassinato do casal Rugai é um dos homicídios de maior repercussão na crônica policial brasileira. Em 28 de março de 2004, o empresário Luiz Carlos Rugai e a esposa dele, Alessandra de Fátima Troitino, foram assassinados a tiros dentro da residência da família, no bairro de Perdizes, Zona Oeste de São Paulo. Não havia sinais de arrombamento, reforçando a tese de um autor com acesso autorizado na residência.

Gil Rugai, filho de Luiz Carlos, tornou-se o principal suspeito do crime após a descoberta de conflitos com o pai, motivados por desvios financeiros em uma empresa da família.

Quem era Luiz Carlos Rugai

Luiz Carlos Rugai era um empresário bem-sucedido, proprietário da Referência Filmes, produtora de comerciais de TV. Descrito como um homem de personalidade firme, mantinha relações conturbadas com o filho Gil, principalmente por desentendimentos ligados à administração da empresa.

Principal suspeito: Gil Rugai

Gil Rugai, na época com vinte e um anos, foi apontado como principal suspeito pela polícia. Segundo o inquérito, ele teria sido demitido pelo pai após descobertas de irregularidades financeiras. Gil teria sido visto pelo vigia da vizinhança deixando a residência da família na noite do crime. O Ministério Público sustentou a motivação ligada a vingança e interesse econômico.

Hipótese da dinâmica do crime

A hipótese investigativa indica que Gil Rugai entrou na residência usando as próprias chaves, aproximou-se de Alessandra e depois de Luiz e disparou diversas vezes com uma pistola calibre 380. A disposição dos corpos e os vestígios balísticos mostraram que as vítimas foram surpreendidas em um espaço restrito, com tiros disparados a curta distância.

O julgamento e a condenação

Após um longo processo, com recursos e pedidos de liberdade, Gil Rugai foi levado a júri popular em fevereiro de 2013, quase dez anos após o crime. Foi condenado a trinta e três anos e nove meses de prisão por duplo homicídio qualificado, por motivo torpe e recurso que dificultou a defesa das vítimas. Durante todo o processo, Rugai alegou inocência, afirmando ter sido alvo de armação.

Consequências e legado

O caso Gil Rugai se tornou emblemático para a perícia e o direito penal, destacando a importância de provas técnicas, como exames balísticos, análises de câmeras de segurança e rastreamento de ligações telefônicas, na formação do convencimento do júri. Serviu também para debater o uso da mídia em casos de forte comoção e o impacto de processos penais prolongados na vida dos envolvidos.

O CASO, A PERÍCIA, MEU RELATO

Luiz Carlos Rugai e Alessandra de Fátima Troitino foram mortos a tiros – onze, ao todo – dentro de casa, no bairro de Perdizes, Zona Oeste de São Paulo, em 28 de março de 2004, um domingo. O crime foi cometido com uma pistola calibre 380. Quem acabou responsabilizado por esses assassinatos foi Gil Grego Rugai, filho de Luiz, condenado a trinta e três anos e nove meses de prisão.

O julgamento foi adiado duas vezes, em 2011 e 2012, por solicitação da defesa, para que fosse realizado um novo exame de DNA comparativo entre o sangue colhido na cena do crime e o de Gil Rugai e para que fossem prestados esclarecimentos por um perito.

Na época, os laudos de exame do local e do exame perinecroscópico e de outras perícias eram realizados em regra por apenas um perito, assinados por dois peritos oficiais. No caso Rugai, o perito responsável foi Sebastião Hamilton de Oliveira Junior, que atuava naquele plantão, nas zonas Sul e Oeste de São Paulo. Na capital paulista, a equipe de perícia de local é composta de um perito criminal e de um fotógrafo técnico-pericial. Quando surgiam dúvidas durante o trabalho, a equipe discutia os pontos relevantes e, em caso de concordância, um segundo perito assinava o laudo como segundo signatário, validando o documento, conforme previa o protocolo oficial. Com a entrada em vigor da Lei 11.690/2008, a assinatura por apenas um perito passou a ser a norma para laudos de local de crime no Brasil.

Em 2004, os laudos levavam mais tempo para ficar prontos por causa das fotos: ainda eram analógicas, portanto não era possível saber se elas haviam ficado boas ou não. A forma de garantir um trabalho bem-feito era anotar tudo minuciosamente para depois, quando fossem analisadas as imagens, pudéssemos ter certeza de que tudo estava registrado. Assim se estruturava o laudo: primeiro nas anotações, depois confirmado com o material fotográfico.

A revelação de todos os rolos podia demorar mais de um mês, e depois ainda vinha a parte de escrever o laudo com base nas imagens e nas anotações. No caso Gil Rugai, a redação do documento final demorou cerca de noventa dias.

Em 8 de abril, onze dias após o crime, fui até a casa dos Rugais para fazer uma perícia complementar, denominada de acuidade visual. O objetivo era verificar se da guarita do vigia, que ficava na rua de trás, era possível enxergar alguém saindo por um dos portões da residência. Se a rua fosse um pouco mais curva para a esquerda, por exemplo, o vigia talvez não conseguisse ver o que estava acontecendo ali.

A ideia desse segundo exame era justamente medir o campo de visão: checar se tinha árvore na frente, muro, inclinação da rua, qualquer coisa que pudesse atrapalhar a linha de visão do vigia. O laudo precisava responder a essa questão.

Inicialmente me pediram para fazer esse trabalho à noite, mas, tecnicamente, fotografar de dia era muito mais seguro. O *flash* tem alcance curto; se eu tentasse registrar o que os olhos veem no escuro, a foto sairia preta ou muito escura. Para compensar, teria de abrir bem o diafragma e usar mais *flash*, o que mudaria completamente a luz real do local. No fim, uma foto assim não mostraria o que o vigia realmente enxergava naquela noite. Por isso fiz tudo de dia, para garantir imagens claras e um registro fiel do ambiente.

De qualquer forma, ficou claro que, da cabine do vigia até o portão da Rua Traipu, que era a entrada pela garagem da casa dos Rugais, havia uma linha de visão direta. Mas ver o portão é diferente de garantir que o vigia realmente enxergou alguém saindo. Para ter certeza disso, o ideal teria sido ele estar comigo lá na hora, mostrando exatamente o que conseguia ou não ver.

Na prática, meu trabalho se limitou a verificar se havia algum obstáculo físico que pudesse atrapalhar a visão do vigia em relação ao portão. A conclusão foi de que, na posição original da cabine, não havia nada bloqueando. No caso Rugai, fizemos os testes no ponto onde ficava a guarita, porque, na época, a cabine já tinha sido incendiada, logo depois do crime.

Quando estive na casa para efetuar uma perícia complementar, entrei pela entrada da rua de cima, porque a entrada da rua de baixo tinha alguma forma de controle. Nas visitas seguintes, usei o mesmo caminho: a entrada pela rua de cima dava direto na produtora do Luiz Rugai. Dali se descia uma escada lateral que levava à casa propriamente dita, que ficava em um nível mais baixo, quase como se fosse um porão.

Descendo essa escada, logo à esquerda ficava a porta que dava na cozinha. O interior tinha o formato de corredor: do lado esquerdo tinha uma parte toda de vidro, uma espécie de "aquário"; também à esquerda havia uma porta que dava para a sala de TV; mais próximo à direita, ficava o quarto do casal; e, no fim do corredor, o quarto de Gil.

Essa perícia complementar teve como principal objetivo vasculhar o imóvel com mais acuidade, para localizar algo que tivesse passado batido na primeira vistoria. Foi assim que encontramos uma quantidade de maconha, cerca de trezentos gramas, escondida em um alçapão com fundo falso no forro da casa. O entorpecente pertencia a Luiz Rugai e foi recolhido para posterior perícia específica.

Na parte de balística, o que chamou atenção foi um baú no quarto de Gil com a tampa furada por um tiro e uma marca de impacto na parede de trás. O projétil não foi encontrado, mas localizamos o estojo, que é aquela cápsula que salta da pistola quando se atira. O confronto balístico feito posteriormente mostrou que esse estojo veio da mesma arma que matou as duas vítimas.

Mesmo do ponto de vista técnico, sempre ficou claro que o quarto de Gil não tinha ligação direta com a cena do duplo homicídio. Os assassinatos aconteceram de forma concentrada: Alessandra foi atingida logo na entrada da cozinha, e Luiz, perto da área de vidro, o tal "aquário". Ali também tinha uma porta arrombada, e foi entre essa porta e o o "aquário" que se concentraram os disparos efetuados em Luiz Rugai.

Já o disparo encontrado no baú, dentro do quarto de Gil, destoava totalmente dessa dinâmica. Pela análise do ângulo, ficou evidente que o tiro entrou na tampa do baú, que estava aberta, e bateu na parede do fundo. Para isso acontecer, quem atirou tinha de estar dentro do quarto, não dava para ter disparado da porta. Isso indicava que o tiro provavelmente aconteceu em outra ocasião, sem relação direta com os assassinatos.

Nessa mesma perícia complementar registramos vários objetos que chamavam atenção pelo aspecto inusitado no quarto de Gil Rugai: eram máscaras, bastões e alguns adereços estranhos. No julgamento, tudo isso foi justificado como material de trabalho, já que ele lidava com produção de vídeos e publicidade. Até mesmo a garagem, que tinha dois andares, era usada como estúdio para gravar anúncios e clipes.

Do lado comportamental, é fato que Gil tinha um jeito bem diferente para a idade dele. Enquanto o pessoal da produtora se vestia de forma casual, calça jeans, camiseta, ele preferia aparecer de terno, colete e gravata. Era um jeito que destoava do ambiente, mas isso, por si só, não significa participação no crime. É só um traço de personalidade.

Durante outra varredura na residência dos Rugais, encontramos uma sala de ginástica envidraçada, nos fundos da casa. Lá, junto aos aparelhos, notei uma mancha de sangue já seca, mas ainda visível. Fiz a coleta usando um *swab*, passando diretamente na superfície, depois apliquei um pouco de soro fisiológico para soltar mais resíduo e garanti duas amostras para enviar ao laboratório.

Fui acompanhar uma perícia complementar, junto com o perito Sebastião Hamilton de Oliveira Junior, o delegado e alguns investigadores, e depois só com o fotógrafo, para coletar alguns resíduos de sangue. Em outra situação, solicitaram que fosse feita a análise de campo visual da cabine do vigilante para a saída da garagem da casa dos Rugais. Nesta última não acessei o interior do imóvel, tudo feito na rua. O local ficou sem preservação.

Também encontramos outro resquício de sangue em um vaso sanitário, no banheiro que ficava acima da garagem. Usei a mesma metodologia para a coleta.

Nessa visita observamos uma porta de madeira em uma das salas que havia sido arrombada. Na folha da porta, um pouco abaixo e à esquerda do fecho, havia uma marca que lembrava a sola de um sapato. Por causa da delicadeza do vestígio, preferi não raspar ali mesmo, para não correr o risco de estragar ou perder a evidência. Por isso recomendei que levassem a porta inteira para o Instituto de Criminalística, onde poderiam fazer a coleta e a análise em um ambiente controlado, com equipamentos adequados.

Na época sugeri que o mais adequado seria enviar essa porta para o laboratório de física e, se fosse possível, usar microscopia eletrônica de varredura para analisar a composição do material grudado na marca do solado. Assim, o vestígio seria preservado ao máximo, e o laudo final ganharia em precisão.

A proposta era simples: primeiro identificar exatamente do que era feito o resíduo na porta. Depois, comparar esse material com o dos solados dos sapatos de Gil Rugai, mas não de qualquer sapato, e sim apenas dos que tivessem sola lisa ou que combinassem com o tipo de marca deixada. Um sapato com sola cheia de ranhuras, por exemplo, nem entraria na comparação.

Se fosse encontrado um par de sapatos com sola compatível, o passo seguinte seria raspar um pouco do material do solado e analisar quimicamente, para ver se batia com o resíduo da porta. Se fosse idêntico, isso seria, sim, uma evidência consistente, bem fundamentada. Esse era o plano. Mas, por algum motivo, essa análise química nunca foi feita.

Resumindo: decidiu-se retirar a folha inteira da porta e enviar direto para o Instituto de Criminalística. A ideia era evitar riscos. Se tentassem raspar o resíduo do solado ali mesmo, a amostra poderia ser danificada ou ser coletado material insuficiente, e depois não haveria como refazer.

Na época, a análise por microscopia eletrônica exigia uma preparação prévia bem cuidadosa — não bastava colocar um pedaço de madeira na máquina e pronto. Era um procedimento que seguia protocolos específicos, de acordo com a tecnologia disponível naquele período.

É importante destacar que essa etapa do exame não ficou sob minha responsabilidade direta, mas posso afirmar com segurança que a marca do solado foi preservada e enviada corretamente, seguindo todos os passos da cadeia de custódia.

Durante essas diligências também foram apreendidos outros itens: um par de botas, um chicote e, entre os pertences de Gil, roupas com símbolos de suástica. É importante esclarecer que, apesar de a suástica ter uma carga histórica ligada ao nazismo, isso, por si só, não provava que o proprietário simpatizasse com essa ideologia ou a seguisse.

No meio da produção de vídeos e filmes, é comum existirem figurinos e acessórios de todo tipo, inclusive símbolos controversos, usados apenas como adereço de cena. Por isso, encontrar um objeto com uma suástica não é suficiente para definir o perfil psicológico ou ideológico de quem o possuía. O papel da perícia é apenas registrar o que foi encontrado, sem tirar conclusões além dos fatos.

Sobre os vestígios coletados e a cadeia de custódia: foram recolhidos fragmentos de sangue do piso e do vaso sanitário; no dia 8 de abril, em um exame feito por Sebastião Hamilton de Oliveira Junior, foi removido um pedaço da parede do quarto para análise de resíduos de disparo, além de um segmento de madeira da sala de TV e a tampa do baú que tinha o furo de bala. A folha da porta foi retirada por completo, fotografada, descrita em laudo, com todos os detalhes da marca de solado. Além disso, foram coletados fragmentos de impressões digitais para exame datiloscópico.

Todo material recolhido em uma cena de crime é formalizado por meio de um Auto de Exibição e Apreensão. Na prática, isso funciona da seguinte maneira: o perito faz a coleta dos vestígios, apresenta para a autoridade policial responsável no local e, depois, redige um relatório detalhando cada objeto, como foi embalado e qual lacre de segurança foi usado.

Esse procedimento garante que a cadeia de custódia da prova seja mantida do começo ao fim. Isso significa que, a qualquer momento, é possível saber quem coletou o material, onde ele foi guardado, se foi aberto, relacrado – tudo devidamente registrado.

Se depois for necessário fazer algum exame complementar, o perito ou o laboratório que receber o material deve anotar no laudo que o vestígio chegou lacrado, com o número do lacre, a data e o estado da embalagem. Durante o exame, o perito descreve exatamente o que fez, como, por exemplo, abrir parte da madeira para verificar se havia resíduo de cobre. Assim que termina, reembala, coloca um novo lacre e devolve para a delegacia ou para quem solicitou o exame, tudo documentado.

Esse fluxo é o básico na criminalística para garantir que a prova não seja contaminada e que, mais tarde, ninguém questione se o material foi manipulado de forma adequada ou não.

A investigação apontou que o crime aconteceu por volta das 21h30. Esse horário foi calculado considerando-se o tempo de que Gil Rugai precisaria para sair de casa, a pé ou correndo, e chegar à empresa, onde ele depois fez ligações de um telefone fixo, por volta das vinte e duas horas.

O chamado para a Polícia Militar foi registrado por volta das 22h15. Nesse intervalo, Gil já estava em outro bairro, a mais de quatro quilômetros da casa. Testemunhas relataram ter ouvido os disparos por volta das vinte e duas horas, e houve troca de telefonemas entre vizinhos e o vigia logo após a primeira e a segunda sequência de tiros. As contas telefônicas não determinam a hora exata da morte, mas, cruzando os horários, é possível delimitar a faixa de tempo em que o crime ocorreu.

A dinâmica sugere que o autor entrou na casa, matou primeiro Alessandra e, quase vinte minutos depois, matou Luiz.

Um detalhe importante nessa análise é que, no momento em que abriu a porta, Alessandra estava usando roupa de dormir, algo bastante íntimo. É pouco provável que fizesse isso para receber um desconhecido. Além disso, havia o cachorro da casa: se fosse alguém estranho, o animal provavelmente teria latido ou até avançado, o que dificultaria a entrada de um invasor. Considerando-se esses pontos, é razoável concluir que quem entrou era alguém conhecido, alguém em quem ela confiava o bastante para abrir a porta sem nenhum receio.

O fato de o autor ter permanecido na cena por quase vinte minutos depois de atirar em Alessandra também chama atenção, pois não é o padrão de uma execução rápida. Uma hipótese plausível é que, após o primeiro disparo, tenha ocorrido alguma discussão ou tentativa de negociação com Luiz Rugai, o que explicaria a demora.

Se Alessandra tivesse ficado viva nesse intervalo, poderia ter sido usada como "garantia" para o autor tentar alcançar algum objetivo ou pressionar Luiz Rugai. Mas, ao matá-la logo na entrada, essa possibilidade desapareceu, tornando o intervalo até o segundo homicídio ainda mais estranho e relevante para entender toda a dinâmica do crime.

Somando tudo, a forma como a abordagem foi feita, o fato de o cachorro não ter reagido e a ordem dos disparos, tudo leva a uma conclusão sólida: quem entrou e atirou era alguém conhecido das vítimas.

Pelas evidências na cena, Alessandra foi morta assim que abriu a porta. Se o objetivo fosse resolver algo com Luiz Rugai, um conflito pessoal ou uma questão financeira, faria mais sentido manter Alessandra viva, colocar os dois no mesmo cômodo e usar isso como forma de pressão. O fato de atirar nela logo de imediato indica que a intenção, desde o início, era eliminar os dois ou que o autor também tinha algum motivo direto contra ela.

Se o objetivo fosse apenas intimidar Luiz, manter a companheira dele viva poderia ser útil para fazer chantagem ou controlar a situação. Mas, da maneira como ocorreu o crime, não restou margem para isso: o autor eliminou qualquer recurso de negociação ao matar Alessandra ainda na porta, deixando claro que não era só uma briga verbal. O intervalo de quase vinte minutos entre o primeiro e os outros disparos é muito longo para uma execução comum. Nesse tempo, qualquer discussão já teria sido encerrada ou resolvida.

Outro detalhe é o cão da casa. Em todo o trabalho pericial, não encontramos o animal. Não se sabe a raça, o tamanho, nem se era de guarda ou só de companhia. Mas, pela lógica, um cachorro médio ou grande não ficaria quieto com um estranho dentro de casa: ele latiria ou avançaria. A ausência de sinais de alerta do cão reforça a ideia de que quem entrou era alguém conhecido, familiarizado com a rotina da casa.

Por fim, a casa não mostrava sinais de arrombamento além da porta da sala de TV nem estava revirada como em um roubo comum. Não tinha gavetas abertas, armários bagunçados ou objetos espalhados. O que se viu foi um grande número de disparos concentrados na entrada e na área próxima, deixando claro que a motivação era executar as vítimas, não roubar.

Assim, à luz dos elementos disponíveis, a execução de Alessandra de imediato, a ausência de resistência canina e a prolongada permanência do autor no local apontam para uma dinâmica incompatível com crimes de oportunidade ou roubo seguido de morte, reforçando o entendimento de que se tratou de ação premeditada, praticada por indivíduo conhecido das vítimas e que não agiu motivado por latrocínio.

Em um crime de roubo com invasão de residência, denominado latrocínio, não é comum que o autor aja sozinho. Normalmente, o padrão é ter pelo menos três envolvidos: um fica do lado de fora, dentro do carro, pronto para dar fuga, enquanto os outros dois entram na casa. Uma vez no interior dela, um cuida de manter as vítimas sob ameaça, geralmente com arma de fogo, e o outro faz a busca por objetos de valor.

No caso Rugai, o que se observou foge completamente do padrão de um crime patrimonial. Quem entrou já atirou para matar, sem nenhum indício de que tenha procurado objetos de valor, vasculhado cômodos ou deixado a desordem típica de um roubo.

Além disso, o autor se deslocou dentro da casa, trancou portas e permaneceu por um tempo na sala de TV. Tudo isso reforça que, sob a óptica de um crime de furto ou roubo, essa dinâmica não faz sentido, aponta muito mais para uma motivação pessoal ou para um conflito preexistente.

Um ponto importante no trabalho pericial foi o relato do vigilante. Ele contou ter visto duas pessoas saindo da casa depois do crime: uma de porte físico mais alto e outra mais baixa, que ele identificou como Gil Rugai. Sobre a pessoa mais alta ele não soube dar detalhes, o que é natural, já que, ao ver alguém passando rapidamente, é mais fácil reconhecer quem já se conhece; quem é estranho costuma ficar registrado apenas por características gerais, como altura ou porte.

O vigia relatou que os dois passaram bem perto dele, a uma distância de dois a três metros, o que reforçou a certeza de que um deles era Gil Rugai. Vale ressaltar que, se quisessem evitar o vigia, poderiam ter saído por outro ponto, em uma parte mais inclinada, sem passar pela guarita. Mas optaram justamente pelo caminho que passava em frente ao posto de vigilância. Por isso a informação que se consolidou na época foi esta: Gil foi visto saindo da casa acompanhado de uma segunda pessoa, que nunca chegou a ser identificada em detalhes.

Do ponto de vista investigativo, é curioso que Gil tenha passado tão perto do vigilante logo depois do crime, praticamente se deixando ser visto. Para quem supostamente acabara de cometer um duplo homicídio, esse não seria o comportamento mais esperado: quem quer fugir tenta evitar ser notado. Do ponto de vista técnico, isso chama a atenção e quebra o padrão de um crime puramente premeditado ou de um latrocínio.

Lembro-me bem de que a arma de fogo usada nesse crime foi achada por acaso, durante uma limpeza nas caixas de esgoto pluvial do prédio onde Gil Rugai tinha um escritório. Do ponto de vista lógico, isso sempre gerou estranhamento. Mesmo alguém com pouca experiência criminosa dificilmente esconderia ou descartaria uma arma usada em um duplo homicídio justamente no lugar onde trabalha.

Na prática, quem comete um crime com arma ilegal, ou sem registro, normalmente se livra dela em um ponto remoto, difícil de rastrear. Ainda assim, a arma foi encontrada quase um ano depois, por causa da limpeza das caixas de esgoto pluvial. Apesar do tempo decorrido, o Instituto de Criminalística conseguiu fazer o exame de comparação balística. O fundamento técnico desse exame é que o cano da arma deixa marcas únicas no projétil, além das marcas de percussão nos estojos.

Se a arma estivesse muito oxidada, limpar o cano poderia alterar essas impressões e atrapalhar o resultado.

Mas, como o laudo saiu com resultado positivo, ligando a arma encontrada aos projéteis e estojos do crime, entende-se que o estado de conservação era suficiente para permitir uma análise segura. Quando o desgaste é grande a ponto de impedir uma conclusão confiável, o padrão é emitir um laudo inconclusivo, não afirmativo. Então, ao confirmar o vínculo, a equipe pericial deixou claro que as condições da arma ainda eram tecnicamente viáveis para o exame.

O julgamento do caso começou no dia 18 de fevereiro de 2013, ocasião em que fui arrolado como testemunha de defesa. Além de mim, compareceram como testemunhas Leo Rugai, irmão de Gil, uma antropóloga, o perito Alberi Espindula, colega de profissão e muito respeitado na área, e o jornalista Valmir Salaro, que fez uma reportagem sobre o incêndio na guarita do vigilante.

Quando alguém é chamado para depor em um tribunal do júri, isso é feito por meio de um ofício enviado ao órgão onde a pessoa trabalha. No meu caso, o DHPP. Esse documento traz o nome do réu, o número do processo, o tipo de depoimento solicitado e a data da audiência.

Durante os dias de júri, as testemunhas e outras partes ficam em regime de confinamento controlado, o que é praxe nesse tipo de julgamento. Fui chamado como a décima primeira testemunha a depor. Minha fala ficou restrita ao campo visual e ao teste de acuidade visual, que não foi realizado.

Além dos pontos debatidos durante o júri, ficou esclarecido, com base no depoimento do contador da empresa, que não houve fraude contábil envolvendo o nome de Gil Rugai. Isso contrariou a versão de desfalque que circulou amplamente na imprensa no início do caso.

Outro ponto que veio à tona foi o resíduo encontrado no calçado de Gil, supostamente compatível com a marca deixada na porta arrombada. Tecnicamente, tratava-se de uma sola lisa, algo comum em vários tipos de sapato, bota ou coturno de diferentes marcas. Ou seja, não era um desenho exclusivo de solado, que pudesse ser vinculado diretamente a um único modelo ou fabricante.

O fato de Gil Rugai ter sapatos com sola lisa gerava apenas uma compatibilidade genérica com a marca da porta, mas isso, isoladamente, não é uma prova definitiva de que aquele calçado específico tenha deixado a marca.

Ressalto que, durante todo o caso, meu acompanhamento se deu dentro do que cabia ao meu papel no DHPP, recebendo informações de colegas, ouvindo comentários sobre o andamento das investigações, mas sem envolvimento direto na apuração do processo além das perícias que me foram oficialmente atribuídas.

Entre outros pontos que chamam atenção nesse caso, destaca-se o desaparecimento da folha da porta que havia sido encaminhada ao Instituto de Criminalística para a análise do resíduo de solado. Até hoje não existem registros claros ou documentação oficial que expliquem o destino dessa peça, o que configura uma lacuna no processo e levanta questionamentos sobre a guarda de provas materiais em procedimentos de longa duração.

Outro detalhe importante é a evolução do cumprimento da pena de Gil Rugai. Mesmo condenado a trinta e três anos de prisão, ele avançou para o regime semiaberto em 2021, e em 2024 conseguiu uma decisão favorável da Quarta Câmara Criminal do Tribunal de Justiça de São Paulo para continuar cumprindo a pena monitorado por uma tornozeleira eletrônica, além de outras medidas cautelares, como comparecimento em juízo, por exemplo. Essa decisão foi tomada apesar de o Ministério Público ter-se manifestado contra a medida.

CAPÍTULO 7

O CASO RICHTHOFEN

POR DENTRO DE UMA PERÍCIA DE HOMICÍDIO

Data	: 31 de outubro de 2002, quarta-feira
Local	: Rua Zacarias de Góis, 232, Campo Belo, São Paulo, SP
Vítimas	: Manfred e Marísia von Richthofen
Arma do crime	: bastões de madeira
Autores	: Suzane Louise von Richthofen, Daniel Cravinhos de Paula e Silva e Cristian Cravinhos de Paula e Silva
Chefe da equipe de perícias do DHPP	: Jane Marisa Melione Pacheco Belucci
Perito	: Ricardo da Silva Salada
Delegada	: Cintia P. C. M. Tucunduva

Investigador : Robson Feitosa da Silva
Fotógrafo : Marcos Rogério dos Santos Boy
Equipe de investigação e perícia : Departamento de Homicídios e de Proteção à Pessoa (DHPP)
Advogados de defesa : Denivaldo Barni e Mauro Otávio Nacif (Suzane); Gislaine Jabur e Geraldo Jabur (irmãos Cravinhos)
Promotor : Roberto Tardelli
Juiz : Alberto Anderson Filho

O crime

O crime aconteceu na madrugada de 31 de outubro de 2002, em São Paulo. Os pais de Suzane Louise von Richthofen – Manfred e Marísia – foram assassinados a pauladas enquanto dormiam em sua casa, no bairro de Campo Belo. O crime foi premeditado e executado por Daniel Cravinhos, namorado de Suzane, e pelo irmão dele, Cristian Cravinhos, com a participação ativa de Suzane no planejamento e na facilitação da entrada dos irmãos na casa.

As vítimas

Manfred von Richthofen, engenheiro da Dersa (Desenvolvimento Rodoviário S/A), e Marísia von Richthofen, psiquiatra, eram conhecidos por manter uma vida estável, com padrão de classe média alta e forte preocupação com a educação e disciplina dos filhos. O casal foi morto a golpes de barra de madeira enquanto dormia.

A principal suspeita

Logo após o crime, Suzane e os irmãos Cravinhos tentaram simular um assalto, mas as contradições nos depoimentos chamaram a atenção da polícia. Suzane, então com dezoito anos, passou a ser tratada como principal suspeita, pois ficou claro que ela havia deixado a casa aberta, desativado o alarme e saído com o namorado para dar álibis a si mesma. As investigações indicaram que além da motivação financeira havia um conflito familiar, já que os pais não aprovavam o relacionamento de Suzane com Daniel.

Hipótese da dinâmica do crime

De acordo com as investigações e as confissões dos envolvidos, a dinâmica do crime foi a seguinte: Suzane, Daniel e Cristian planejaram tudo. Na noite dos assassinatos, os irmãos Cravinhos entraram na casa com a conivência de Suzane, que facilitou o acesso. Eles subiram até o quarto dos pais dela e os mataram enquanto dormiam. Após o crime, Suzane e Daniel simularam uma invasão à residência, na tentativa de despistar a polícia e dificultar as investigações.

O julgamento

O julgamento ocorreu em 2006. Suzane von Richthofen, Daniel Cravinhos e Cristian Cravinhos foram condenados por homicídio triplamente qualificado (motivo torpe, meio cruel e impossibilidade de defesa das vítimas). Suzane e Daniel receberam penas de mais de trinta e nove anos de prisão; Cristian foi condenado a trinta e oito anos e seis meses de prisão. Ao longo dos anos, todos obtiveram progressões de regime e benefícios legais.

Consequências e legado

O caso Richthofen tornou-se um dos crimes de maior repercussão na crônica policial brasileira, símbolo de um parricídio meticulosamente planejado por motivações passionais e financeiras. O episódio marcou de forma

```
profunda os debates sobre crimes familiares, influência
emocional e traços de psicopatia e chocou pela quebra
dos padrões esperados para jovens de classe média alta.
Ao longo dos anos, inspirou livros, séries e filmes e
permanece como um exemplo emblemático de crime com mo-
tivações complexas e ampla cobertura midiática.
```

O CASO, A PERÍCIA, MEU RELATO

Naquela noite de plantão, 30 de outubro de 2002, o serviço já tinha sido pesado. Eu realmente imaginava que, assim que encerrasse a perícia da madrugada, eu conseguiria ir para casa e descansar um pouco. Foi um engano. Nem de longe pensei que estava prestes a entrar em um dos casos mais comentados da história policial brasileira e que, mais de vinte anos depois, ainda geraria tanta discussão.

Passava das 6h30 da manhã do dia 31 quando fomos avisados pela delegada da equipe de plantão, Renata Helena da Silva Pontes, que teríamos mais um local para realizar naquela manhã. Ela avisou: "Tem um duplo homicídio para vocês, interno, na Rua Zacarias de Góis, número 232, Brooklin". Já estávamos no fim do plantão, toda a equipe desgastada, mas seguimos para lá.

Pegamos a Avenida Água Espraiada, hoje chamada Roberto Marinho, e seguimos para o endereço. De um lado havia uma favela; do outro, só casas grandes. Quando começamos a subir em direção ao número indicado, já percebemos a movimentação: a imprensa toda estava na porta. Não era um ou dois fotógrafos, mas vários, com vans de reportagem ocupando a rua. Eram 7h30 da manhã. Naquele dia o fotógrafo de plantão comigo era o Marcos Rogério dos Santos Boy.

Assim que vi o tamanho da casa, soube de imediato que o trabalho exigiria atenção redobrada. Vale lembrar que naquela época ainda usávamos filme fotográfico, nada de câmera digital. Por isso eu sempre começava fazendo uma varredura geral do local, para ter uma noção clara de tudo o que precisava ser registrado primeiro.

Sempre tive o costume de anotar cada detalhe. Isso porque, com filme analógico, podia levar até dois meses para receber as fotos reveladas e ampliadas, e não havia como ter certeza na hora se tudo tinha saído como precisava ou se algum rolo apresentava problema. Então, por precaução, eu anotava tudo, ponto por ponto. Por exemplo: "Entrada principal: fechadura intacta, sem sinais de arrombamento. Após a porta, sala de estar com dois sofás em L, tapete central, mesa de apoio...". Assim eu tinha segurança para reconstruir cada detalhe depois, se fosse necessário.

O muro alto da residência ajudou a manter a imprensa do lado de fora, o que facilitou bastante o trabalho. Jornalistas e fotógrafos queriam cumprir o papel deles, mas não houve interferência no andamento da perícia. Quando entro em uma cena, minha concentração se volta totalmente para o que está dentro do perímetro. Ruídos externos, câmeras, conversas, tudo isso fica em segundo plano.

Assim avançamos para o interior da casa. Era uma residência ampla, padrão de classe média alta. Logo à direita da entrada principal havia um lavabo. Em seguida ficava um escritório, com sala de estudos anexa e uma biblioteca bastante extensa, ocupando uma parede inteira. Continuando pelo corredor, havia uma sala ampla dividida em dois ambientes, área de estar e área de recepção, que levava até a sala de jantar. Seguindo ainda mais ao fundo, à direita, ficava a cozinha, que tinha ao lado uma despensa, e na sequência a área de serviço.

Em frente à porta da cozinha, à esquerda, uma escada levava ao piso superior, onde estavam as três suítes do imóvel. Todos os cômodos eram bem isolados acusticamente, com janelas de vidro duplo, uma medida comum naquela região, por causa da proximidade com o Aeroporto de Congonhas e o barulho constante de aviões, principalmente à noite.

Logo nesse início, periciei o lavabo e ali encontrei uma bituca de cigarro com filtro amarelo. Posteriormente, levantei essa informação e descobri que o cigarro pertencia a um policial que estivera na cena anteriormente. Esse é um dado que parece pequeno, mas mostra como é essencial registrar tudo, até aquilo que aparentemente não faz parte do crime em si, para não gerar interpretações erradas ou contaminação do local de prova.

Logo notei, na sala de estudos e na biblioteca, que havia uma central telefônica com ramais, aquele tipo de aparelho com vários botões, comum em casas grandes na época. Periciei o telefone da sala de estudos e orientei a todos para que, caso precisassem usar um telefone, usassem apenas aquele aparelho, sem tocar nos demais, para não comprometer possíveis vestígios.

Naquela manhã, estávamos ali eu, o fotógrafo Marcos dos Santos Boy, a delegada Renata Helena da Silva Pontes, uns três ou quatro policiais civis da equipe de investigação e um policial militar que fazia a segurança do perímetro. Também havia dois fotógrafos em período de estágio que nos acompanhavam para aprender o procedimento em campo.

Assim que fizemos a primeira varredura dos ambientes, passamos ao procedimento de liberação dos corpos, o casal Manfred e Marísia von Richthofen. Aqui no Brasil existe uma cultura forte de que os corpos devem ser liberados o mais rápido possível para a família providenciar o velório e o sepultamento. Por isso, é comum que a perícia faça esse processo com agilidade, mas sem abrir mão do rigor técnico.

Manfred e Marísia deixaram dois filhos: Suzane, então com dezoito anos, e Andreas, com quinze. Manfred era de origem alemã; chegou ao Brasil ainda bebê, com apenas um ano de idade, e a família se estabeleceu em Santa Catarina. Já adulto, mudou-se para São Paulo, onde se formou em engenharia. Foi lá que conheceu Marísia, que cursava medicina e depois se especializou em psiquiatria.

A família mantinha um padrão de vida elevado, típico de classe média alta paulistana, e era considerada, para muitos, um exemplo de estabilidade financeira e sucesso social, o que, de certa forma, ampliou o impacto do crime na opinião pública.

O relacionamento da filha Suzane com Daniel Cravinhos, então com vinte e um anos, sempre foi um ponto de tensão dentro daquela casa. Os dois se conheceram em um domingo, em uma pista de aeromodelismo no Parque do Ibirapuera, na Zona Sul de São Paulo. A partir daí, o namoro se manteve, mas não contava com a aprovação de Manfred, que não aceitava que a filha estivesse envolvida com alguém sem ocupação definida, alguém que não trabalhava e não estudava de forma regular.

Nos bastidores, sempre circulou a informação de que, em uma discussão, Manfred teria dado um tapa no rosto da filha por causa do namoro, embora isso nunca tenha sido comprovado. Também se falava que ele teria ameaçado cortar a herança ou afastar Suzane de casa caso ela insistisse no relacionamento. Esse ambiente de conflito foi o ponto de partida para que se elaborasse o plano de matar Manfred e Marísia. Daniel participaria, motivado pela proibição e pela possibilidade de garantir uma vida confortável ao lado de Suzane, com a herança que seria deixada. O irmão dele, Cristian, entrou como apoio, em troca de dinheiro. Suzane, por sua vez, assumiria a parte de simular um latrocínio, roubo seguido de morte, para encobrir o crime.

Naquele momento da perícia, logo no início, seguimos para os quartos. O dormitório do casal era amplo, bem organizado. Encontramos o corpo de Manfred estirado na cama, com um dos braços caído para fora. No chão, quase alinhada com a posição da mão dele, havia uma arma de fogo. A cena, à primeira vista, dava a entender que ele ainda tentou reagir, mas foi atingido antes de conseguir usar a arma.

Em um primeiro olhar, a hipótese de um assalto seguido de morte parecia fazer sentido, mas, ao examinar o corpo de Marísia, percebi algo que mudava tudo. Um saco de lixo lhe cobria a cabeça. Ao retirar parcialmente o saco, ficou claro: o couro cabeludo e os cabelos estavam impregnados de massa encefálica misturada com sangue. Imediatamente, tive certeza de que não era ferimento de arma de fogo, mas, sim, trauma por objeto contundente. Voltei a cobrir e esperei o investigador Robson Feitosa da Silva, chefe da equipe H Sul, chegar para registrar tudo em vídeo antes de qualquer remoção ou manuseio.

Enquanto isso, comecei a reparar nos detalhes. Muita gente pergunta quanto tempo se leva para perceber que algo não se encaixa. Foi rápido. Isso porque todo crime tem um padrão, um modo de execução. E ali o padrão não batia com o de um latrocínio.

Olhei para a cômoda: uma gaveta estava completamente aberta, outras estavam abertas parcialmente, e havia bijuterias espalhadas pelo chão. Não era uma bagunça típica de ladrão revirando tudo às pressas. As joias tinham sido dispostas no chão de forma quase metódica, espalhadas, mas não jogadas de qualquer jeito.

Seguindo para o *closet*, estava tudo em ordem, exceto uma parte que claramente havia sido mexida: um compartimento com fundo falso aberto. Para qualquer pessoa sem conhecimento prévio da casa, localizar aquele fundo falso levaria muito tempo. Tempo que um assaltante armado dificilmente teria, ainda mais depois de executar dois moradores.

Esses detalhes todos, reunidos, indicavam que aquilo não era um roubo comum. Era uma encenação, montada para parecer latrocínio, mas que não resistia a uma análise detalhada do local.

As roupas nos armários estavam todas organizadas, nada revirado além do necessário para dar a aparência de desordem. Esse detalhe reforçava o que já ficava claro: quem havia cometido o crime conhecia muito bem a casa, havia tido tranquilidade para acessar cômodos específicos e tempo para simular um arrombamento ou um roubo. Havia, ainda, outro ponto técnico: se Manfred e Marísia foram mortos com golpes de objeto contundente, sem uso de arma de fogo para imobilizá-los, era necessário que os golpes ocorressem de forma quase simultânea. Caso contrário, o primeiro barulho acordaria a outra vítima, que reagiria ou tentaria escapar. Portanto, o ataque precisava ser coordenado, exigindo ao menos duas pessoas ativas na execução, o que reforçava ainda mais o envolvimento de Suzane e Daniel.

Comecei a perícia detalhando primeiro o corpo de Marísia. Identifiquei uma lesão significativa no dedo médio da mão direita. Ele estava praticamente esmagado. Pela forma do ferimento, concluí que aquilo não era uma lesão de defesa, mas, sim, resultado de um impacto direto enquanto ela ainda estava deitada. Provavelmente, Marísia dormia com a mão apoiada sobre a cabeça, e o primeiro golpe desferido pelo assassino atingiu exatamente essa posição. Para causar aquele tipo de esmagamento, a mão teria de estar sobre uma superfície rígida. Não seria possível obter tal dano com a mão suspensa ou apoiada apenas sobre o travesseiro.

Foi um ataque repetitivo e violento. Alguns desses golpes atingiram a cabeceira e a guarda da cama, deixando marcas, o que tecnicamente chamamos de "mossas", e resíduos escuros do impacto.

A quantidade de golpes foi tão intensa que houve extravasamento de massa encefálica, espalhando-se pelo cabelo da vítima e atingindo pontos ao redor. Verifiquei respingos de sangue na parede e na cabeceira da cama e identifiquei duas ou três gotas também no teto.

Nenhum dos dois corpos estava coberto. Isso permitiu ver detalhes, como o posicionamento das pernas de Manfred. A forma como uma das pernas estava parcialmente entrelaçada indicava que o corpo havia se deslocado levemente após a morte, como se ele tivesse mudado de posição ou sido virado.

Na época não se falava muito em análise detalhada de padrões de sangue. Hoje isso evoluiu bastante: sabemos classificar uma mancha pelo tipo de energia que a gerou: se foi um espargimento de alta velocidade, como em um disparo de arma de fogo; se foi de média energia, como no caso de golpes com objeto contundente; ou se foi um gotejamento, como quando o sangue pinga de uma ferida aberta. Cada padrão conta uma parte da história.

Até pela forma da gota no chão é possível estimar de que altura caiu. Mas isso depende de muitos fatores: o tipo de piso faz diferença: madeira, piso frio, superfície irregular, cada um reage de forma distinta ao impacto do fluido. Para afirmar com precisão, é necessário reproduzir experimentalmente, sob as mesmas condições. Não é um palpite, é um estudo controlado.

Esses detalhes todos mostram quanto a análise de um local de crime vai além do que se vê em um primeiro olhar. Cada marca, cada mancha, cada deslocamento do corpo é uma pista que ajuda a montar o quebra-cabeça de como tudo aconteceu naquela noite.

Constatei que não eram muitas as marcas de impacto fora da cabeça de Marísia, o que mostrava que o agressor mirou deliberadamente aquela região.

Manfred tinha uma toalha sobre o rosto, e Marísia, como afirmei anteriormente, estava com um saco de lixo preto na cabeça. Quem trabalha com homicídios sabe: uma vítima que sofreu forte trauma craniano costuma apresentar inchaço nos olhos, manchas roxas e extravasamento de massa encefálica misturada ao sangue. É um quadro visualmente chocante. Cobrir o rosto é, muitas vezes, um gesto que indica relação de proximidade entre agressor e vítima, uma forma inconsciente de "esconder" aquilo que fez. Esse comportamento é comum, por exemplo, em casos de crimes sexuais seguidos de homicídio, ou quando quem mata tem laço familiar com a vítima.

No caso de Marísia, além das pancadas, ficou evidente que colocaram uma toalha na boca da vítima para abafar qualquer som. Isso porque, com esse tipo de agressão, a pessoa pode entrar em coma profundo ou ter morte cerebral antes de perder as funções básicas. Enquanto o coração e o diafragma ainda funcionam, o relaxamento da glote faz com que o ar passe de forma irregular, produzindo um ronco, um barulho característico. É um som forte para quem presencia. Então o agressor provavelmente tentou silenciar esse som incômodo, pressionando a boca da vítima com a toalha.

No caso de Manfred, o método foi outro: além da violência física, colocaram a toalha no rosto dele e jogaram água por cima, uma forma de obstruir a respiração. É o que se vê em interrogatórios forçados, em filmes, aquela simulação de afogamento. Na cena, havia uma jarra de água amarela sobre a mesinha de cabeceira. Isso sempre nos chamou atenção: por que ter uma jarra de água ali, sem copos à vista? Se fosse para beber, faltava o copo. E não era o perfil da família usar a jarra para beber direto. Tudo isso apontava para o uso da água com outro fim: praticar o sufocamento.

Esses detalhes, somados ao fato de os rostos estarem cobertos, reforçavam o que para nós era evidente: havia vínculo entre vítima e agressor. Não era uma invasão aleatória, não era latrocínio típico. E quem fez isso demonstrou não só violência, mas também certa preocupação em lidar com a cena do crime de forma controlada. Mesmo nós, que já vimos de tudo, ficamos impressionados com a brutalidade da execução.

Como referência de horário para o crime, contamos com o relato do vigilante da rua. Ele viu a movimentação na garagem: Suzane entrando e saindo, algo rápido, cerca de dez, quinze minutos. Coincidiu com a noite de um jogo do Corinthians; então a delegada e o pessoal da investigação buscaram saber o horário exato do término do jogo para cruzar com o relato do vigia. Isso ajudou a estreitar a janela do crime.

O tempo de morte é sempre uma estimativa, nunca é uma ciência exata. Depende de vários fatores: temperatura ambiente, umidade, se o corpo está dentro ou fora da casa, se está coberto, se chovia na noite, se havia ventilação. São detalhes que interferem na velocidade do esfriamento do corpo e na formação das hipóstases.

No caso de Marísia, usamos o saco de cadáver, que é o padrão para remoção de corpos, ali mesmo no quarto. Abrimos o saco no chão, aos pés da cama, e fizemos toda a perícia inicial e a documentação fotográfica com ela já sobre o saco. Isso facilita, pois no chão é possível ter acesso a todos os ângulos, observar ferimentos e coletar amostras.

Outro detalhe técnico importante foram as hipóstases. Elas se formam por gravidade: o sangue, depois da morte, desce para as partes mais baixas do corpo. Essas áreas ficam com uma coloração avermelhada ou arroxeada. Se o corpo é mexido logo após a morte, essas manchas podem se redistribuir, mas deixam rastros. Com mais tempo, a hipóstase se fixa; se apertada com o dedo, a marca fica clara, mas depois volta a escurecer. Isso tudo ajuda a entender se o corpo foi movido ou se permaneceu na mesma posição até a chegada da equipe.

Esses detalhes – posição dos corpos, tipo de lesão, manchas de sangue, sinais de encenação – foram essenciais para desmentir, imediatamente, a história de latrocínio que tentaram sustentar. A partir daí, bastava ir unindo as peças: conhecimento prévio do imóvel, dinâmica da ação, perfil dos envolvidos, contradições nos depoimentos… tudo foi se encaixando.

Um ponto importante foi o cálculo aproximado do tempo de morte. Além das hipóstases, é avaliada a rigidez cadavérica. A rigidez começa primeiro na mandíbula, depois vai descendo para pescoço, tórax, membros superiores, até chegar aos pés. Passado certo tempo, essa rigidez regride na mesma ordem: primeiro a cabeça volta a ficar maleável, depois o tronco, e assim por diante. Dependendo da temperatura do ambiente, umidade, corrente de ar e outros fatores, isso pode variar. Outro indício é a presença de ovos de mosca, que já começam a aparecer depois de algumas horas e ajudam a estimar o intervalo *post mortem*. E, claro, tem a experiência: a gente desenvolve um *feeling* de combinar todos esses sinais e dar uma janela de horário mais ajustada, mesmo sabendo que nunca é um dado exato, mas, sim, orientativo para a investigação.

No caso dos Richthofens, pelo estado dos corpos e pelas condições do quarto, calculei que os assassinatos ocorreram entre dez da noite e, no máximo, meia-noite. Esse intervalo, cruzado com o relato do vigilante, que viu a entrada e a saída rápida de Suzane, ajudou a reforçar a suspeita. É um dado técnico que sozinho não incrimina, mas que direciona muito bem o rumo do inquérito.

A arma do crime nunca foi encontrada, pois foi descartada logo após os assassinos deixarem a residência das vítimas. Porém, pela análise das lesões nos corpos de Marísia e Manfred, já imaginei que fosse um bastão artesanal reforçado, para não quebrar durante a agressão.

Tudo indicava que quem fez aquilo conhecia bem o lugar, sabia onde mexer, o que procurar e como sair sem levantar suspeita imediata. E, tecnicamente, ficou claro desde o início que não foi um roubo comum, mas um crime planejado e executado por gente de dentro.

No quarto, analisando o corpo de Manfred, percebi logo que ele tinha lesões na cabeça de tipo cortocontuso, mas de padrão diferente das que Marísia sofreu. Além disso, na têmpora direita havia uma marca circular bem definida. Minha primeira suposição foi de que talvez o agressor estivesse usando a ponta do cano de uma arma para pressionar o local, ameaçando ou imobilizando a vítima. Depois conversei a respeito com o legista, que me explicou que aquela marca havia resultado da ruptura de pequenos vasos; ou seja, não foi impacto de arma, mas de outro objeto perfurante, talvez um detalhe de metal do bastão ou cantoneira que usaram.

Ainda no crânio de Manfred, do lado de trás, havia uma lesão mais profunda, um corte na vertical que indicava uma pancada muito forte, a ponto de cortar o couro cabeludo. Pelo posicionamento do corpo, deduzi que ele devia estar deitado sobre o braço esquerdo, expondo a parte direita da cabeça, o que coincide com a direção do golpe. Mais tarde, no Instituto Médico Legal, confirmaram a gravidade: o impacto rachou a base do crânio, criando fratura vertical e uma fissura transversal. Além disso, descobriram que ele tinha uma costela quebrada, resultado de uma pancada forte no lado do tórax. No exame de local, eu não tive como ver isso de imediato, porque essas fraturas internas são identificadas na autópsia. Na cena, minha função é o exame externo, o chamado exame perinecroscópico. O restante é atribuição do médico-legista.

Esses detalhes, somados à violência dos golpes, ao padrão das lesões e à dinâmica do ambiente, foram compondo um quadro muito claro: não era crime de roubo, e sim uma execução violenta, feita por quem conhecia bem o lugar, sabia onde agir e como tentar encobrir tudo depois.

No quarto, como já relatei, Marísia foi quem mais sofreu. Pelas marcas dava para ver que ela recebera golpes muito mais violentos e em maior quantidade que Manfred. Foi brutal.

No geral, para documentar tudo, tiramos na época cerca de cento e cinquenta fotos de todo o local. Hoje, com câmeras digitais, não tenho dúvida de que registraríamos pelo menos mil e quinhentas imagens, com detalhes de cada ângulo, de cada marca de sangue, de cada objeto fora do lugar. Na época, era tudo no filme, então cada clique precisava ser bem pensado.

Por isso tenho o hábito de orientar o fotógrafo da seguinte maneira: "Vamos registrar este cômodo de frente para trás e de trás para a frente". Assim garanto visão de dois ângulos, o que me ajuda a entender depois se algo estava ou não fora do lugar. Se encontro um quarto bagunçado, peço fotos adicionais. O trabalho do fotógrafo é de extrema importância para todos os casos. Ele é os olhos do que pode ter acontecido.

Também é importante mencionar o trabalho dos papiloscopistas durante uma perícia de homicídio. Eles são especialistas em levantar impressões digitais, o que, em muitos casos, faz toda a diferença. O primeiro passo é sempre coletar as digitais da vítima, para confirmar a identidade oficial. Pode parecer óbvio, mas é essencial – por exemplo, em casos de irmãos gêmeos, o DNA é o mesmo, mas a digital, não. Assim, é possível confirmar com certeza quem está ali, sem margem para erro.

No Departamento de Homicídios e de Proteção à Pessoa, esse levantamento é feito pelos papiloscopistas do próprio departamento, e depois, se necessário, pelo pessoal do Instituto Médico Legal. Antigamente era bem mais complicado identificar alguém: só se a pessoa tivesse ficha criminal. Hoje é quase como nos filmes: a digital aparece na tela, o sistema compara em segundos, e já se tem uma resposta. Se não der para fechar no plantão, o material vai para o Instituto de Identificação Ricardo Gumbleton Daunt (IIRGD), que finaliza a análise.

Esses profissionais têm autonomia no local do crime. Já sabem onde procurar impressões: maçanetas, puxadores, móveis, objetos manipulados... Raramente preciso orientar onde buscar. Mas, se vejo algum ponto específico que quero confirmar, já solicito e eles verificam posteriormente.

No caso Richthofen foi feita a busca por impressões digitais em todos os locais possíveis, inclusive em uma pasta de couro, mas o resultado foi negativo. E por quê? Porque todos usaram luvas. Pela reprodução simulada, ficou claro: antes de entrar, os assassinos já estavam de luvas, pois nenhum deixou rastro. Os sacos que havia na despensa foram usados para para encobrir o rosto de Marísia e para guardar as armas utilizadas no crime.

Sobre a arma que encontramos na cena: havia receio de que pudesse disparar sozinha se caísse. Naquela época, as armas não tinham tantos sistemas de segurança como hoje. Atualmente, se o gatilho não for apertado, ela não dispara. No caso, essa arma tinha uma câmara vazia desalinhada do cano. Isso mostra duas coisas: ou o criminoso tentou atirar e a arma falhou, ou foi carregada de forma errada. Depois, na reprodução, Cristian confessou que ele mesmo carregou a arma, enquanto Daniel mexia nas coisas na cama. E aí deixaram a arma ali mesmo.

Dois moradores, o casal, estavam mortos. A empregada, por protocolo, entrou no radar como suspeita inicial, mas rapidamente foi descartada após ser ouvida e verificado que não havia elementos que a vinculassem ao crime.

O filho mais novo, Andreas, também foi excluído como suspeito, porque estava comprovadamente em uma *lan house* na hora dos fatos. Na época, *lan houses* eram espaços bastante comuns, usados para acessar a internet e jogar *online*, já que ainda não era usual ter computador ou internet rápida em casa. A documentação de horário, inclusive, foi verificada sem inconsistências.

Assim, quem restava na lista? Suzane e Daniel. Todas as circunstâncias apontavam para eles: motivo, oportunidade e conhecimento da rotina da casa.

Quando deixei o local, depois de dez horas de perícia na residência, apesar de exausto, fui direto para o DHPP relatar tudo o que eu tinha visto e registrado para Jane Bellucci, minha superior à época. Só depois disso consegui ir para casa, completamente sem energia. Para quem nunca viveu isso, dez horas seguidas de concentração máxima, sem parar para pensar em outra coisa, tentando não perder nenhum detalhe, é muita coisa.

Depois disso voltei à cena do crime na quinta-feira, no dia 7 de novembro, para buscar a guarda da cama. O objetivo era levar para análise aquelas marcas, as mossas – deformações na madeira –, que apareceram durante a agressão. Fomos eu e alguns investigadores. Batemos à porta, entramos e quem estava lá? Suzane e Daniel, bem tranquilos, sentados perto da piscina, como se fosse um dia comum qualquer. Foi a primeira vez que vi os dois pessoalmente. Ela estava de short, à vontade, como se recebesse amigos em casa. Para quem tinha acabado de perder os pais da forma mais violenta possível, ela não demonstrava nenhum abalo emocional.

Por dentro, a casa estava igual a antes: tudo em ordem, tudo arrumado. O quarto do casal já não tinha cama nem colchão. O destino dessas peças eu nunca soube, mas a guarda da cama estava lá, encostada na parede, intacta. Retiramos com cuidado, colocamos na picape e levamos direto para o Instituto de Criminalística, protegendo bem as marcas para não danificar nada.

Aproveitamos para levar também alguns ferros de lareira que encontramos na casa. Esses ferros, por terem a ponta oxidada, poderiam, em tese, ter sido usados como arma ou ter causado lesões parecidas com as de Marísia. Então foram para teste: análise da presença de resíduo orgânico, vestígios de sangue ou de massa encefálica. O resultado foi negativo, então se descartou essa hipótese também.

Assim, com tudo encaminhado, cabia à equipe continuar juntando cada peça do quebra-cabeça. E não demorou para a história real aparecer por completo.

Nesse mesmo dia, Suzane, Daniel e Andreas foram ao DHPP para prestar depoimento. Nessa etapa ainda se mantinha, ao menos na formalidade, a postura de tratá-los como vítimas; afinal, apesar das desconfianças, ainda não se tinha a confissão. Mas a equipe de investigação já havia reunido informações suficientes para conduzir um interrogatório mais firme. Eles sabiam que o histórico apresentado não fechava com a cena do crime, e havia elementos para pressionar com perguntas mais específicas.

A história começou a se complicar de vez quando Cristian, irmão de Daniel, cometeu um erro básico: no dia seguinte ao crime, foi até uma loja de motos, no mesmo bairro onde tudo tinha acontecido, para comprar uma moto de mil cilindradas. Pagou à vista, em dólares. Para tentar não levantar suspeitas, colocou a moto no nome de um amigo, que foi junto para assinar a papelada. Mas o dono da loja, desconfiado, ligou para a polícia assim que eles saíram. Contou que tinha acabado de vender uma moto cara, paga em dólar, para um homem cuja descrição batia exatamente com a de Cristian. Com isso, ele mesmo se colocou dentro da cena do crime.

O CRIME

Naquela noite do crime, quem abriu caminho foi a própria Suzane. Eles chegaram de carro, ela desceu junto com os irmãos Cravinhos e abriu a porta principal da casa. Subiu primeiro e acendeu a luz do corredor para confirmar que os pais estavam dormindo; a posição da cama permitia ver que estavam deitados. Desceu em seguida e lá embaixo fez sinal de positivo, indicando que o caminho estava livre. A partir daí, os dois subiram juntos, cada um entrou de um lado do quarto, agindo em sincronia, sem dar chance de defesa às vítimas.

Durante o crime, Suzane ficou na parte da frente da casa, dentro do escritório. Na minha avaliação, ela não deve ter escutado nada do que aconteceu lá em cima. Segundo o próprio depoimento dela, ela subiu uma única vez, no início, para verificar se os pais já estavam dormindo, e deixou a luz do hall acesa – o corredor que leva direto ao quarto do casal. Fora isso, ela não entrou no quarto nem voltou a subir enquanto os pais eram mortos.

Consta no processo que eles até cogitaram dar um tiro, mas acabaram desistindo, com receio do barulho. Porém, garanto que, considerando-se o projeto da casa, com vidros duplos em todas as janelas por causa do ruído dos aviões de Congonhas, um disparo dentro do quarto, no meio da madrugada, seria pouco audível da rua. Talvez, se fossem dois tiros, um para cada, não chamasse tanta atenção, principalmente em um bairro tranquilo, onde barulhos isolados à noite podem ser confundidos com estalos comuns, escapamento de moto ou até fogos de artifício. Mas, por segurança, eles optaram pelo método contundente.

A reação dela, quando o policial contou sobre os pais mortos, foi algo que ficou na cabeça de todo mundo. O policial militar, que foi quem primeiro constatou o óbito e teve de dar a notícia para uma jovem filha, ficou tão desconcertado que comentou conosco depois. Em vez de chorar, de se desesperar, Suzane perguntou, com toda a calma do mundo: "E agora, o que eu faço?", uma pergunta que, naquela hora, para quem trabalha com isso, soou completamente fora do contexto emocional.

Suzane era, no papel, o retrato de tudo que a sociedade considera exemplo: jovem, bem-criada, estudava em boa faculdade, fluente em línguas, morava em um bairro de alto padrão, tinha toda a estrutura financeira. Quando alguém assim planeja, organiza e executa, junto com o namorado e o cunhado, o assassinato dos próprios pais, quebra a ilusão de que dinheiro, estudo e conforto bastam para garantir laços familiares saudáveis.

Na minha opinião, a motivação desse crime sempre foi dinheiro, sem dúvida. Suzane chegou a assinar um documento, tudo registrado em cartório, dizendo que renunciava à herança dos pais. Passaram alguns anos, cinco, seis anos depois do crime, já fora do prazo que o Ministério Público tinha para pedir que ela fosse declarada indigna de herdar, e aí ela entrou com uma ação para cancelar esse ato de renúncia. O juiz indeferiu.

Por volta das quatro da manhã do dia 31 de outubro, a Polícia Militar recebeu o chamado de uma jovem que dizia ter acabado de chegar em casa e encontrado tudo aberto e revirado. Foi Suzane quem ligou. Em depoimento no DHHP, Suzane informa que seu pai tinha uma pasta de couro no escritório, onde havia valores em reais, dólares e euros para alguma emergência. Que esta pasta se encontrava cortada e que os valores havia sido subtraídos.

Esse foi um ponto decisivo para desvendar aquela encenação. O assassino que buscava por dinheiro sabia exatamente onde estavam as coisas de valor, como o fundo falso no armário do *closet*. Portanto, quem do duplo homicídio tinha liberdade de circular pela casa sem chamar atenção, conhecia os cômodos, sabia o que procurar e como simular uma cena de roubo para despistar.

Quando chegou o dia da reprodução simulada, em 13 de novembro, pouco mais de uma semana depois da confissão dos três envolvidos no crime, Daniel explicou qual havia sido o instrumento que ele havia usado no crime. Por causa do aeromodelismo, tinha ferramentas e experiência com madeira, mas as madeiras que ele usava normalmente eram mais leves, não aguentariam o impacto de que ele precisava. Então, para reforçar, Daniel construiu um taco de madeira e prendeu nele duas cantoneiras metálicas, aquelas de prateleira de escritório, com furos ao longo da peça. Isso deu mais peso e resistência para o golpe. Justamente por isso, quando a cantoneira bateu na cabeça e no rosto de Manfred, deixou aquela marca redonda bem nítida. Não foi uma pancada muito forte a ponto de causar fratura na têmpora, mas o metal marcou a pele e os vasos.

Na reprodução simulada, eles foram obrigados a comparecer, mas não precisaram participar ativamente. Quando se faz uma reprodução, recebemos antes todos os depoimentos, os exames do IML com as lesões detalhadas, os laudos de autópsia, tudo. É com essa base que o perito verifica se o que o réu contou bate com o que aconteceu de fato.

No caso Richthofen, a reprodução foi fundamental para confirmar detalhes: como era exatamente o bastão usado, de que forma aconteceu o ataque, de onde veio aquela gota de sangue no teto, a posição do corpo de Manfred na cama... Tudo isso só se encaixa quando se refaz passo a passo ali, no local. Esse é o papel da reprodução: juntar o que foi falado com o que de fato é possível dentro da cena. E ali a gente confirmou cada peça do quebra-cabeça.

Logo no começo da reprodução, houve uma medida de segurança bem rigorosa: fizeram uma revista pessoal e íntima em todo mundo que iria participar ou acompanhar. A ideia era impedir que qualquer informação fosse gravada ou vazasse, já que o inquérito ainda não estava concluído e aquele procedimento fazia parte dele. Assim, as mulheres foram separadas para uma sala, os homens ficaram em outra. Foi um cuidado que hoje em dia parece exagero, mas era necessário para manter sigilo total naquela fase.

Os três réus estavam acompanhados de seus advogados. O promotor, que na época era Marcelo Milani, também esteve lá, imagino que por interesse direto no caso, já que ele seria o responsável pela acusação. O promotor Roberto Tardelli ainda não estava na condução do processo naquele momento. Tudo foi conduzido com o máximo de controle para não comprometer nenhuma etapa da investigação. Foram feitas, de fato, três reproduções simuladas, uma para cada versão apresentada por cada um dos indiciados.

Andreas também estava lá naquele dia, mas não participou de nada. A cena que mais marcou foi quando ele viu Daniel: correu para abraçar o rapaz, que já tinha confessado que matara o pai dele. Isso deixou todo mundo surpreso – mostrou como Daniel, para Andreas, era uma figura de admiração, quase um herói. Daniel era tudo o que Andreas queria: o amigo de confiança, o parceiro que ajudava no aeromodelismo, passava horas com ele em *lan house* jogando, e ainda arrumou uma moto para ele sair por aí. Tudo o que o pai dele restringia, com educação rígida, Daniel oferecia.

Em resumo, ficou comprovado que Daniel matou Manfred, enquanto Cristian executou Marísia. Durante a reprodução, não houve contato direto entre os três indiciados nem interferência no que estava sendo feito. Eu acompanhei tudo de perto, conferindo se o que eles contavam batia com o cenário que eu mesmo tinha periciado. Qualquer detalhe que não fechasse precisava ser esclarecido na hora.

Também se esclareceu a questão da arma: Daniel foi quem abriu o fundo falso, pegou a arma guardada em um saquinho e jogou em cima da cama. Cristian, por sua vez, foi quem municiou a arma e a colocou perto da mão de Manfred, tentando criar a falsa impressão de reação da vítima. Assim, na reprodução, conseguimos confirmar detalhe por detalhe, amarrando de vez a participação de cada um na cena.

Vale dizer que, em uma reprodução simulada, tudo depende muito de como ela é conduzida. Não é só ouvir o que o indiciado diz e reproduzir ao pé da letra. O perito também precisa trabalhar o lado psicológico: conversar, quebrar a tensão, fazer perguntas indiretas, tudo para puxar da memória detalhes que muitas vezes ficam soterrados no subconsciente. Esse cuidado ajuda a pessoa a lembrar-se de pontos que podem ser fundamentais para esclarecer o que de fato aconteceu. Ficou claro ali qual foi a participação efetiva de Suzane no crime: não cometeu o assassinato em si, mas facilitou tudo.

Na reprodução, Daniel estava visivelmente desconfortável. Era nítido que ele carregava certo peso de arrependimento. Na hora de simular o golpe em Manfred, ele se desequilibrou emocionalmente: olhou para o policial que representava Manfred na cama, travou, começou a repetir "é ele, é ele". Tivemos de parar tudo.

A equipe toda estava atenta, querendo confirmar se a narrativa deles realmente batia com a dinâmica do crime que já havíamos analisado no local. O ator que representava Manfred, por acaso, era fisicamente bastante parecido com ele, o que pode ter contribuído para o abalo de Daniel. Mas não foi algo intencional, ninguém escolhe um figurante só para provocar reação emocional. O objetivo era ter uma encenação o mais próxima possível da realidade, dentro do que a lei permite.

Cristian, por sua vez, foi frio. Mostrou calmamente como entrou, onde ficou e como atacou Marísia. Sem vacilar. Também reproduziu o detalhe de abrir a janela para simular uma suposta invasão e mostrar as pegadas que deixou ali.

Já Suzane manteve uma postura mais controlada: contou que subiu, acendeu a luz, desceu e deu o sinal para os irmãos agirem. Depois disso, segundo ela, ficou no escritório enquanto eles cometiam o duplo assassinato. Disse que os irmãos bagunçaram o escritório e espalharam as joias para simular roubo. Na divisão combinada, tudo o que fosse levado naquele dia seria a parte de Cristian como pagamento pela participação. Ela e Daniel ficariam com o resto: casa, chácara, carro, tudo.

Durante toda a reprodução, a equipe estava alerta para ver se alguma contradição surgia. Mas o mais impressionante era a postura de Suzane. Uma frieza difícil de descrever: participava, respondia quando perguntada, mas era indiferente, quase mecânica. Quando havia pausas, a única pessoa com quem ela trocava palavras era Flávio Teixeira Junior, que estava com a câmera. Ela aproveitava que ele abaixava o equipamento entre uma gravação e outra para conversar, mas, assim que a câmera voltava, ela fechava a cara de novo. Foi assim do começo ao fim.

Depois disso, acompanhei o restante mais pela imprensa. O trabalho da perícia é assim: o perito de plantão registra tudo, entrega o laudo, repassa as informações para o delegado e para a equipe de investigação e depois entra nos dias de folga. E é justamente essa diferença de postura que marca quem trabalha em uma cena de crime. Na análise técnica, a gente observa a posição dos corpos, o tipo de arma, o padrão de agressão, o estado do ambiente, tudo isso vai fechando possibilidades e descartando hipóteses. Em paralelo, a investigação policial cuida do outro lado: o comportamento, as ligações, o histórico de cada envolvido.

Esses dois caminhos, o técnico e o humano, seguem juntos, mas independentes, até se cruzarem em algum ponto. Quando se encaixam, é o que a gente costuma chamar, de forma bem simples, de "bingo": o que o laudo mostra bate perfeitamente com o que a investigação comprova.

PASSO A PASSO DO PERITO EM UMA CENA DE CRIME

▶ **Chegada e segurança do local**

Isolar a área junto com policiais para evitar contaminações.

Verificar riscos e preservar vestígios frágeis.

▶ **Observação geral**

Fazer inspeção preliminar sem tocar em nada.

Planejar o fluxo de trabalho: do exterior para o interior, do geral para o detalhe.

▶ **Registro fotográfico e esquemático**

Fotografar o local sob vários ângulos antes de qualquer coleta.

Elaborar croquis ou plantas baixas para marcar posição de evidências.

▶ **Descrição minuciosa**

Anotar características do ambiente: posição de objetos, manchas, marcas.

Registrar condições climáticas e iluminação.

▶ **Coleta de vestígios**

Identificar, marcar e coletar cada vestígio (sangue, fios de cabelo, impressões digitais, projéteis etc.).

Usar material estéril e acondicionar adequadamente os objetos para evitar contaminação.

► Lacração e identificação

Cada amostra recebe etiqueta individual, com data, hora, local, nome do perito.

Tudo é lacrado para garantir a cadeia de custódia.

► Elaboração de laudo preliminar

Registrar resumo da atividade pericial feita no local.

Entregar relatório preliminar para auxiliar a investigação imediata.

► Análise laboratorial

Se necessário, os vestígios coletados são enviados a laboratórios especializados (DNA, balística, química forense).

► Emissão de laudo pericial final

Redigir o laudo oficial, detalhando metodologia, resultados e conclusões técnicas.

Anexar fotos, croquis e tabelas de análise.

► Apresentação em juízo

O perito pode ser chamado a depor em tribunal para explicar os resultados de forma técnica e responder a dúvidas.

CAPÍTULO 8

CASO JANKEN: QUANDO O CIÚME TERMINA EM CONDENAÇÃO

POR DENTRO DE UMA PERÍCIA DE HOMICÍDIO

Data	: 22 de março de 2009, domingo
Local	: Jardim da Saúde, São Paulo, SP
Vítima	: Ana Claudia Melo da Silva, 18 anos
Autor	: Janken Ferraz Evangelista, 26 anos
Arma	: faca de cozinha
Perito	: Ricardo da Silva Salada
Delegada	: Flávia Maria Rocha Rollo
Equipe	: Departamento de Homicídios e de Proteção à Pessoa (DHPP)
Promotor	: Marcelo Rovere

Defesa	:	Mauro Otávio Nacif
Assistente de acusação contratado pela família de Ana Cláudia	:	José Beraldo
Juiz	:	Marcelo Augusto Oliveira
Acusação	:	homicídio triplamente qualificado (por motivo torpe, meio cruel e recurso que dificultou a defesa). Janken respondeu também por furto (ele pegou o telefone celular da vítima durante a fuga) e subtração de incapaz (fugiu com o filho para a casa da mãe dele, na Bahia)
Condenação	:	em dezembro de 2011, o ex-jogador foi condenado a vinte e um anos pelo homicídio triplamente qualificado e a um ano e dez dias pela prática do furto. Uma pena total de vinte e dois anos de reclusão.

O crime

Na noite de 22 de março de 2009, na Rua Doutor Malta, Jardim da Saúde (Zona Sul de São Paulo), Ana Claudia Melo da Silva, dezoito anos, foi morta dentro de casa com catorze facadas. O autor do crime foi seu ex-marido, Janken Ferraz Evangelista, ex-jogador de futebol, então com vinte e seis anos.

A cena era clara: a jovem tentou se refugiar em um cômodo após os primeiros golpes, deixando marcas de sangue pela cozinha, área de serviço e despensa, antes dc morrer no local.

Quem era Janken

Janken era jogador de futebol profissional. Passou por clubes renomados, como o São Paulo Futebol Clube. Jovem, bem-apessoado e com carreira promissora, viveu momentos de destaque nos gramados, mas sua trajetória acabou marcada por um crime brutal.

Apesar de separado de Ana Claudia, Janken ainda mantinha contato frequente com a ex-mulher por causa do filho que tinham juntos.

O motivo do crime

O motivo apontado para o crime foi ciúme, potencializado por uma disputa sobre a guarda do filho do casal.

Na época havia rumores de que Ana Claudia estaria se relacionando com outro jogador de futebol e que teria ido a um jogo a convite desse atleta acompanhada por Janken; nesse evento teriam se desentendido. Apesar de estarem separados, Janken mantinha uma postura de controle, acompanhando os passos de Ana Claudia e monitorando ligações no celular dela.

Hipótese da dinâmica do crime

De acordo com a reprodução simulada conduzida pela perícia, a briga começou na cozinha do apartamento, quando, segundo Janken, Ana Claudia teria pegado uma faca para impedi-lo de verificar o celular dela. Ele alegou ter tomado a faca de suas mãos e, durante a discussão, a golpeado diversas vezes.

Mesmo ferida, Ana Claudia ainda tentou esconder-se em uma pequena despensa, onde acabou caindo, deixando marcas de sangue por todo o percurso. O padrão de lesões, com catorze golpes, demonstrou agressividade e intenção de matar, sem compatibilidade com legítima defesa, conforme a análise pericial.

O julgamento e a condenação

No julgamento, Janken respondeu por homicídio triplamente qualificado (motivo torpe, meio cruel e recurso que dificultou a defesa), furto (subtração do celular da vítima) e subtração de incapaz (ao fugir com o filho).

O júri popular o condenou a vinte e um anos pelo homicídio e mais um ano e dez dias pelo furto, totalizando vinte e dois anos de reclusão.

A defesa, conduzida pelo advogado Mauro Otávio Nacif, tentou alegar legítima defesa, argumentando que Janken apenas se defendeu após Ana Claudia ter pegado a faca. No entanto, a perícia e o padrão das lesões evidenciaram a extrema violência com sinais de nítida covardia e a inexistência de ameaça que justificasse a quantidade de golpes.

Consequências e legado

Para a perícia, o caso Janken tornou-se um exemplo didático de como conduzir uma reprodução simulada, levantar contradições em depoimentos e entender a dinâmica de um crime de homicídio em ambiente residencial. Para a sociedade, o crime foi mais um retrato da violência de gênero, destacando a importância de políticas de proteção às mulheres em situações de risco. Para o sistema judiciário, reforçou a relevância das reproduções simuladas como instrumento de confronto técnico de versões, o que auxilia na construção de provas robustas em tribunal.

O CASO, A PERÍCIA, MEU RELATO

No dia 22 de março de 2009, domingo, Ana Claudia Melo da Silva, dezoito anos, foi morta a facadas no apartamento onde morava, no

Jardim da Saúde, Zona Sul de São Paulo. O autor foi Janken Ferraz Evangelista, vinte e seis anos, ex-jogador de futebol e ex-marido da vítima. Naquele dia, Janken e Ana Claudia tiveram uma discussão no apartamento. O motivo seria ciúme: Ana Claudia estaria em contato com outro jogador de futebol, de quem havia ganhado ingressos para assistir a um jogo. Janken acompanhou Ana Claudia ao jogo, mas o clima entre os dois era de tensão.

De volta ao apartamento, a discussão escalou. Ana Claudia pegou uma faca para tentar afastar Janken, mas ele tomou a faca dela e desferiu catorze golpes, atingindo principalmente a região do tronco. Mesmo ferida, Ana Claudia tentou refugiar-se em uma pequena despensa, onde deixou marcas de sangue enquanto tentava se trancar. Janken a seguiu e continuou os golpes.

Após o crime, Janken pegou o celular da vítima e fugiu, levando o filho do casal, que tinha um ano e oito meses.

Tive meu primeiro contato com esse caso poucos dias antes da reprodução simulada, quando fui designado para conduzir o trabalho. Infelizmente, dentro da nossa realidade, a violência contra a mulher tem sido um crime cada vez mais banalizado.

A arma usada foi uma faca do próprio apartamento, e foram catorze facadas. Janken alegou que, além do ciúme, matou porque queria ficar com a guarda do filho deles.

Para a reprodução simulada, utilizamos os depoimentos disponíveis, que, nesse caso, eram apenas os do réu, já que no momento do crime estavam no local apenas ele, a vítima e o bebê.

Minha forma de trabalho é sempre a mesma: antes de começar, converso com o indiciado, peço que conte tudo em detalhes, do início ao fim. É nessa conversa que consigo identificar pontos que não apareceram nos depoimentos formais, para esclarecer contradições e buscar informações que, muitas vezes, a própria pessoa não percebe que omitiu.

Fazer uma reprodução não é apenas seguir o que está no papel. É necessário observar o indiciado, identificar onde a narrativa faz sentido e onde não faz, confrontar tudo com os laudos e vestígios coletados no local. Meu papel é verificar se o que ele relata é compatível com os fatos e apontar onde há inconsistências.

Em uma reprodução simulada, a preocupação com a preservação de local já não existe. O local já foi periciado, o tempo passou, outras pessoas já estiveram no apartamento, o ambiente foi limpo. A reprodução é feita para esclarecer dúvidas, entender a dinâmica e checar a coerência com os vestígios que foram encontrados, não para produzir novas provas.

O objetivo é entender como os vestígios foram produzidos. Se o réu relata que a briga ocorreu de um lado, mas há manchas de sangue em outro ponto, é preciso entender como o sangue foi parar ali. Já vi, em outros casos, estojos de munição fora de contexto, e é na reprodução que se podem esclarecer essas incoerências.

O papel do perito é acessar as memórias do indiciado, inclusive aquelas travadas no subconsciente, e trazer essas informações para o laudo. Fazer uma reprodução não é simplesmente marcar presença, mas, sim, explorar o cenário e as falas do réu, testando a versão apresentada.

Para representar vítimas, costumamos usar policiais presentes ou, em alguns casos, manequins. Nesse caso específico, não foi necessário. Ana Claudia foi agredida e caiu no local, sem deslocamento posterior. Não fazia sentido usar um manequim apenas para simular uma pessoa caída.

Em casos de reprodução simulada, normalmente utilizamos um fotógrafo específico para esse tipo de trabalho, diferente do fotógrafo de local de crime. O mesmo vale para o desenhista, que já leva os simulacros de arma branca ou de fogo para o local e organiza o material necessário, definindo na hora qual será usado conforme a dinâmica do caso.

Nesse crime praticado por Janken, a dinâmica ocorreu na cozinha. Segundo ele, a discussão começou ali. Ana Claudia teria pegado a faca, ele a tomou dela e começou a golpeá-la. O conflito seguiu para a área de serviço e para uma despensa próxima, onde ela tentou se esconder, mas acabou sendo atingida.

Começamos a reprodução com Janken chegando ao prédio, passando pela portaria, subindo ao apartamento, até o momento da discussão com Ana Claudia, na cozinha.

Mesmo ferida, ela ainda tentou se esconder, trancando-se na despensa. Ali havia marcas de sangue espalhadas por todos os lados.

Tudo precisava ser confrontado com o laudo do local: marcas de sangue, dinâmica da movimentação no apartamento, posição em que ela foi encontrada. Também fizemos o registro da fachada e do entorno do prédio, para contextualizar as condições do local, padrão do edifício e tipo de acesso: se havia controle por porteiro ou se o portão poderia ser aberto manualmente.

Esse caso foi um exemplo claro de como a reprodução simulada, feita de forma técnica e detalhada, ajuda a confirmar (ou refutar) a versão do autor do crime para garantir que cada ponto do laudo dialogue com os fatos apurados na investigação. Em reprodução simulada, utilizamos simulacros: uma faca de madeira no lugar da arma branca, ou uma arma de madeira caso seja necessário simular disparos. Não se usa faca ou arma de verdade em reprodução, para evitar riscos desnecessários.

Nesse dia, Janken não estava algemado. Ele estava acompanhado da advogada e do pessoal do escritório, o que é comum. É permitida a presença de advogado, porém, a partir do momento em que se inicia a reprodução simulada, ninguém mais pode falar com o réu.

A acusação sustentava que o crime havia ocorrido por ciúme, depois que Ana Claudia recebeu ingressos de um jogador de futebol para assistir a um jogo. Janken foi junto e a teria visto beijar o jogador, o que poderia ter motivado a briga. A promotoria entendia que, mesmo que Janken já estivesse com outra mulher, a motivação real seria o desejo de ficar com a guarda do filho, usando o crime como forma de retomar o controle.

A defesa alegava outra versão: Janken queria ver o celular de Ana Claudia para saber quem havia ligado; ela tentou impedir, pegando a faca, e na briga ele teria tomado a arma e a golpeado.

Como perito, sei que versões de defesa precisam ser analisadas com cautela, pois o réu pode mentir para se proteger, e isso não é crime. A acusação precisa provar os fatos, e o nosso trabalho técnico é fornecer subsídios para isso. Na minha análise, mesmo que houvesse a questão da guarda do filho, não se justifica tirar a vida de alguém para resolver isso. A justiça tem mecanismos legais para discutir guarda, visitas e convivência.

Sobre a motivação, acredito que o ciúme teve peso no crime. Se não houvesse mais sentimento de posse ou ciúme, ele não teria ido com ela ao jogo para observar o que aconteceria. Isso pode ter sido o estopim para a discussão que terminou em violência.

Por experiência, sabemos que alegações de legítima defesa em casos com catorze facadas não se sustentam tecnicamente. Uma ou duas facadas poderiam indicar uma reação descontrolada em um momento de conflito, mas catorze golpes demonstram intenção de matar. O padrão de lesões mostra agressividade, não um ato isolado de defesa. A vítima, mesmo já sem reação, continuou recebendo os golpes, o que indica excesso de violência.

O réu pode tentar justificar sua ação para minimizar a culpa, mas o conjunto de vestígios, as lesões e a dinâmica do local contam outra história. E é isso que a perícia leva ao processo: uma análise técnica e controlada, que contribui para a busca da verdade, sem se importar com as versões apresentadas.

A reprodução simulada foi solicitada pelo Ministério Público, e o delegado tem a função de buscar a verdade, independentemente de quem a peça. Fui chamado a depor no júri justamente por isso, para esclarecer como a reprodução ocorreu.

Na audiência informei que quem me contou o que aconteceu naquele dia foi Janken, não o advogado, não o delegado, não o Ministério Público. Ele foi a única testemunha viva do fato e precisou relatar para mim o que fez e como fez, para que eu pudesse reproduzir fielmente sua versão durante a simulação.

O trabalho do perito é técnico, não inventamos versões. Apenas documentamos o que o autor conta, conferindo a compatibilidade com os vestígios e apontando as inconsistências quando surgem. É assim que se contribui para a verdade no processo.

No caso Janken, havia uma questão levantada: qual era a base para ele falar sobre o filho no depoimento? Se essa informação não estava documentada, não havia como afirmar tecnicamente que o crime havia ocorrido na frente do menino. Mesmo assim, essa suposição acabou sendo utilizada para fortalecer a acusação, sem embasamento técnico real.

Na prática, se a criança não presenciou, não houve violência visual para ela. Mas isso precisa estar claro no processo. O que existia de fato era o ciúme doentio de Janken em relação a Ana Claudia, mesmo eles estando separados.

Na reprodução simulada, é o indiciado quem fala, não o perito. Eu não invento nada. Eu represento exatamente o que ele diz. Se ele fala que tem a minha altura, eu coloco isso no relatório. Se ele diz que passou por uma janela gradeada, eu anoto, fotografo a janela e constato: "há grades, ele está mentindo". Posso afirmar que o que ele disse é mentira, mas a minha função é registrar exatamente o que ele fala, sem interpretação naquele momento.

Depois analiso se o relato dele bate com os vestígios do local e com o que consta nos laudos. No caso Janken, os depoimentos eram coerentes com os vestígios, com pequenas diferenças que não mudavam o contexto. Se o Ministério Público acredita que a história é diferente, ou se a defesa entende que há pontos a esclarecer, existe um caminho: formular quesitos periciais para tirar dúvidas, seja antes, seja durante o processo.

Outro ponto importante: perito não é testemunha de acusação nem de defesa. Sou chamado ao júri para prestar esclarecimento técnico sobre o meu laudo e sobre o atendimento realizado. Lembro que o primeiro júri desse caso foi suspenso depois que um dos jurados sorteados declarou não se sentir confortável para participar do julgamento. Quando o júri finalmente se realizou, meu depoimento foi breve. Atuamos com base apenas no conhecimento técnico que tínhamos sobre a cena e os vestígios, sem acesso aos detalhes das demais fases do processo. Ao final do julgamento, o ex-jogador foi condenado a vinte e um anos pelo homicídio triplamente qualificado e a mais um ano e dez dias pelo furto, totalizando vinte e dois anos de reclusão. Janken teve a progressão para o regime semiaberto concedida em novembro de 2016.

CAPÍTULO 9

CASO YOKI: A SOLUÇÃO ERA MATAR O MARIDO

POR DENTRO DE UMA PERÍCIA DE HOMICÍDIO

Data	: 19 de maio de 2012 (Sábado)
Local	: Rua Carlos Weber, 1376, Vila Leopoldina, SP - interior do apartamento n° 172-A
Vítima	: Marcos Kitano Matsunaga
Arma de fogo	: Imbel .380
Autora	: Elize Kitano Matsunaga (atualmente Elize Araújo Giacomini)
Perito da reprodução simulada	: Ricardo da Silva Salada
Delegado	: Mauro Dias

Fotógrafo da reprodução simulada	: Telma Rocha
Equipes	: Crimes contra a Pessoa e DHPP - Departamento de Homicídios e de Proteção à Pessoa
Denúncia	: homicídio doloso, triplamente qualificado, por motivo torpe, recurso que impossibilitou a defesa do ofendido e meio cruel, além de destruição e ocultação de cadáver. Em São Paulo, 19 de junho de 2012.
Condenação	: Elize Matsunaga foi condenada na madrugada no dia 5 de novembro de 2016 a 19 anos, 11 meses e 1 dia de prisão pelo assassinato, esquartejamento e ocultação do cadáver do marido, o empresário Marcos Kitano Matsunaga.

O crime

Em 19 de maio de 2012, um sábado, Elize Kitano Matsunaga matou o marido, o empresário Marcos Kitano Matsunaga, então executivo do grupo Yoki. O crime ocorreu dentro do apartamento do casal, na Rua Carlos Weber, Vila Leopoldina, SP.

A vítima

Marcos Kitano Matsunaga, 41 anos, empresário de destaque no setor alimentício, foi morto com um tiro de pistola Imbel. 380, esquartejado e teve o corpo ocultado em malas descartadas em áreas próximas à Estrada dos Pires, sentido Caucaia do Alto.

A principal suspeita

Elize Matsunaga (atualmente Elize Araújo Giacomini) confessou o crime. A motivação, segundo ela, foi uma briga por infidelidade e questões financeiras.

Hipótese da dinâmica do crime

A perícia e a reprodução simulada indicaram que Elize atirou em Marcos durante uma discussão, esquartejou o corpo e tentou esconder partes em diferentes locais. O tiro foi dado a curta distância, dentro do apartamento.

Denúncia

Elize foi denunciada por homicídio doloso triplamente qualificado (motivo torpe, recurso que impossibilitou a defesa da vítima e meio cruel), além de destruição e ocultação de cadáver. A denúncia foi apresentada em 19 de junho de 2012.

O julgamento

Em 5 de novembro de 2016, Elize foi condenada a 19 anos, 11 meses e 1 dia de prisão pelo assassinato, esquartejamento e ocultação do corpo do marido. No dia 30 de maio de 2022, a Justiça de São Paulo concedeu liberdade condicional a Elize. Ela deixou a Penitenciária de Tremembé, conforme informado pela Secretaria de Administração Penitenciária. A partir desse momento, passou a cumprir o restante da pena em regime aberto, sujeita a condições como manutenção de ocupação lícita, comunicação periódica e restrições a horários e deslocamentos.

Consequências e legado

O Caso Yoki ganhou repercussão nacional, virou tema de livros, documentários e séries, reacendendo o debate sobre violência doméstica, traição e crimes de repercussão envolvendo casais de alto padrão econômico. O caso é frequentemente usado em aulas de Direito Penal e Criminalística como exemplo de homicídio qualificado com destruição e ocultação de cadáver.

O CASO, A PERÍCIA, MEU RELATO

Quando o assassinato de Marcos Kitano Matsunaga veio a público, a reação foi imediata e enorme, principalmente porque envolvia uma família de classe alta, donos de uma empresa de marca bastante conhecida (Yoki) e detalhes que chocaram até quem já estava acostumado com crimes violentos.

Primeiro, o público em geral ficou espantado pelo grau de frieza: Elize matou o marido dentro do apartamento do casal e esquartejou o corpo no quarto de hóspedes. Para muita gente, era impensável imaginar uma esposa, com aparência "tranquila" e vida de alto padrão, cometer um crime tão extremo.

A mídia explorou cada detalhe. Foi manchete em todos os jornais, TV aberta, programas policiais, portais de notícia, revistas semanais. O caso virou tema de cobertura diária: reconstrução do crime, detalhes da relação do casal, traições, brigas, a vida de luxo, tudo foi vasculhado.

A reação também foi de curiosidade misturada com incredulidade: como uma mulher, aparentemente frágil, executaria o crime sozinha? Isso virou discussão de bar, de faculdade de Direito, de rodas de conversa. Quando Elize confessou, o interesse aumentou ainda mais: como uma mulher formada em Direito, mãe de uma criança pequena, planeja, mata, esquarteja e ainda tenta enganar a polícia?

Para o meio jurídico e pericial, o caso se tornou um exemplo prático de como a perícia de local e de reprodução simulada é essencial para fechar a dinâmica de um homicídio complexo. Até hoje, é comum usar o caso Yoki em aulas de Criminalística para explicar vestígios latentes, cadeia de custódia e importância de cruzar confissão com provas técnicas.

Eu entrei nesse caso quando ainda era sigiloso. Era maio de 2012. Marcos Kitano Matsunaga, executivo do grupo Yoki, tinha sumido: oficialmente era um desaparecimento. Só que, nos bastidores, já se falava em algo mais grave.

Naquele período, a equipe de perícia do DHPP estava desativada, então eu estava lotado na equipe do Núcleo de Crimes Contra a Pessoa, no Butantã. O início do atendimento pericial foi realizado pela equipe que atende o munícipio de Cotia, por que as partes do corpo de Marcos foram encontradas em via vicinal daquela região.

Foi no plantão do dia 6 de junho quando recebi a ligação de minha superior, Rosângela Monteiro, diretora do Núcleo de Perícias de Crimes Contra a Pessoa, solicitando que eu fosse fazer o teste de Luminol no apartamento do casal Matsunaga, pois havia a suspeita de que ali ocorrera um crime. Montei o kit, peguei o equipamento na base e me dirigi até o local juntamente com Telma Rocha, fotógrafa pericial.

Quando o nosso trabalho começou, já havia uma equipe de investigação no local. Eles chegaram ao apartamento por volta das 18 horas, com mandado de busca e apreensão. Já passava das 20 horas quando acionaram a chefe do núcleo de Crimes Contra a Pessoa, que em seguida entrou em contato comigo.

Chegamos antes das 21 horas ao apartamento de cobertura onde supostamente ocorrera o crime. Marcos Matsunaga havia comprado as duas unidades em uma das torres do condomínio na Vila Leopoldina, em São Paulo, e as transformara em uma só.

O delegado Mauro Dias nos informou que havia suspeita de que o empresário tivesse sido esquartejado dentro do apartamento.

Começamos a fazer o exame no andar superior do imóvel. Já o delegado ficou no andar de baixo. Para nós, o local mais indicado, digamos, para fazer um esquartejamento seria dentro de uma banheira, devido à facilidade de fazer a contenção de sangue, por isso começamos pelos banheiros.

No exame com esse tipo de reagente, não bastava apenas obter uma reação positiva. Era necessário analisar vários aspectos: a cor, o tom desse azul, a intensidade do brilho, a forma e o tempo de duração da reação. Isso porque o Luminol reage, de fato, na presença de sangue, mas não somente de sangue. Por exemplo, se o Luminol for aplicado sobre uma área que foi limpa com água sanitária, ele também vai reagir, produzindo um brilho forte, de cor semelhante, mas com intensidade muito elevada e duração bastante curta. Nesse caso, já se sabe que a reação ocorreu, mas que não se trata de sangue.

Portanto, não era simplesmente aplicar o Luminol e encerrar o trabalho. Após a aplicação, era necessário realizar um teste complementar, o Feca Cult. Esse exame foi originalmente desenvolvido para detectar sangue em amostras de fezes, por isso o nome "Feca". O termo "Cult" se refere ao fato de que, em medicina, o teste pode ser usado para identificar a presença de sangue oculto devido a problemas gástricos ou intestinais. Na perícia, esse teste ajuda a confirmar se o material é realmente sangue humano.

O único local que apresentou reação ao Luminol foi a banheira da suíte de Elize. No entanto, os vestígios encontrados ali tinham características compatíveis com resíduos de sabão acumulados nas paredes da banheira de hidromassagem, indicando que não se tratava de sangue.

Enquanto realizávamos o exame no andar superior, o delegado Mauro Dias, alguns investigadores e o advogado de Elize, Luciano Santoro, acompanhavam o trabalho no piso inferior. Elize também permaneceu na parte inferior da cobertura, enquanto nossa equipe fazia o trabalho de aplicação de Luminol.

A prisão temporária de Elize já havia sido decretada logo após a identificação do corpo de Marcos Kitano, desaparecido desde o dia 23 de maio de 2012. Naquela mesma madrugada, 4 de junho de 2012, Elize Matsunaga foi presa por uma equipe de investigação, suspeita de ter assassinado o marido.

Por volta de duas horas da manhã, a equipe de investigação obteve a informação de que Elize havia trocado o colchão da cama dela depois do desaparecimento do marido. Descobriu-se que ela havia doado esse colchão para uma funcionária. A partir daí, organizamos a busca: saímos com várias viaturas e conseguimos localizar a residência dessa funcionária na mesma madrugada. No local, realizei a aplicação do Luminol no colchão, mas o resultado foi negativo. Terminamos o trabalho quase 4 horas da manhã e voltamos para a base, pois, se voltássemos para o apartamento, chegaríamos lá quase amanhecendo e nos restaria muito pouco tempo para trabalhar, pois com a claridade o teste com o Luminol não é efetivo.

Nossa equipe retornou ao imóvel na quarta-feira à noite, 6 de junho de 2012, dia em que Elize Matsunaga admitiu, em depoimento ao DHPP, ter assassinado o marido, fornecendo detalhes do disparo e do esquartejamento.

A confissão foi considerada robusta pelos investigadores: ela descreveu a discussão, a sequência do disparo e explicou como desmontou e descartou o corpo em diferentes locais, um relato que foi consistente com as evidências levantadas pela perícia.

Essa confissão precoce foi fundamental para embasar a denúncia por homicídio triplamente qualificado e ocultação de cadáver.

O CRIME

De acordo com Elize Matsunaga, casada com Marcos Kitano Matsunaga, empresário e então executivo do grupo Yoki Alimentos, o relacionamento dos dois já vinha apresentando desgaste, principalmente por episódios de traição por parte de Marcos, que Elize já havia flagrado anteriormente. Ela, desconfiada de uma nova infidelidade, contratou um detetive particular para obter provas de uma suposta amante.

Essa descoberta reacendeu discussões sobre divisão de bens e sobre a guarda da filha do casal. Segundo o processo, o clima entre os dois era de desconfiança, ciúme, ressentimento e conflito financeiro.

O crime ocorreu na noite de 19 de maio de 2012, dentro do apartamento do casal, localizado na Rua Carlos Weber, Vila Leopoldina, Zona Oeste de São Paulo.

Naquela noite, Elize e Marcos estavam no apartamento e pediram uma pizza. Enquanto comiam, Elize confrontou Marcos com as provas obtidas pelo detetive, apontando a traição. A discussão se intensificou; Marcos ficou irritado por ela ter usado dinheiro dele para contratar o investigador.

Durante a briga, de acordo com o relato de Elize, Marcos a agrediu com um tapa no rosto. Ela então saiu da sala de jantar, foi até uma cômoda próxima ao bar onde Marcos guardava uma pistola Imbel .380, voltou para uma área próxima à copa da cozinha e aguardou. Quando Marcos, ainda furioso, esbravejando, caminhou na direção de Elize, ela realiza um disparo a cerca de dois metros de distância (de acordo com a versão da própria Elize), atingindo a cabeça de Marcos. A perícia determinou que o disparo ocorreu a curta distância, aproximadamente 20 cm pelos resíduos de disparos.

Após o disparo, Elize arrastou o corpo até o dormitório de hospede, onde o deixou por algumas horas, antes de iniciar o esquartejamento. Ela usou instrumentos de corte, uma faca de cerâmica, segundo seu depoimento. O médico-legista apontou que alguns cortes exigiram técnica que não condiz com o conhecimento de uma pessoa leiga, indicando precisão em partes como joelhos e abdômen. Já cortes em outras regiões, como pescoço e membros superiores, foram realizados de forma mais grosseira, evidenciando falta de conhecimento.

Elize teve o cuidado de não perfurar vísceras, o que minimizou a contaminação do local com fluidos orgânicos. Essa característica reforçou a suspeita de que parte do procedimento foi executada com técnica cirúrgica.

Elize embalou as partes do corpo em sacos plásticos, colocou em malas de viagem e desceu até a garagem do prédio. Na reprodução simulada, foi comprovado que ela conseguiu manusear e carregar sozinha o peso distribuído em mais de uma mala, dentro do tempo entre o uso do elevador e a saída da garagem.

Já no carro, saiu com destino ao estado do Paraná, seguindo pela Rodovia Raposo Tavares, mas desistiu da empreitada, retornando para a região da Grande São Paulo, onde conhecia bem. Dessa forma, livrou-se das partes do corpo. Na Estrada dos Pires, próximo à igreja, foram encontrados mãos e braços. Um pouco mais à frente, cerca de um quilômetro, estava uma perna e um pé. Mais adiante, pouco mais de cem metros, estava a cabeça. Mais à frente, cerca de seiscentos metros, localizaram a outra perna. Continuando pela Estrada dos Pires, sentido Caucaia do Alto, aproximadamente 2,5 quilômetros estavam o tronco e o quadril de Marcos Matsunaga. As malas originais nunca foram recuperadas.

Nos dias seguintes, Elize simulou desconhecer o paradeiro de Marcos e manteve o relato de desaparecimento. No entanto, contradições e imagens de câmeras de segurança mostraram a movimentação suspeita no prédio e a forma como ela agiu para ocultar provas. Quando confrontada com as evidências e diante dos exames periciais, confessou o crime em depoimento, detalhando o assassinato, o esquartejamento e o descarte dos restos mortais.

A REPRODUÇÃO SIMULADA

Elize Matsunaga foi levada de volta até o local do crime, pela equipe do DHPP, no mesmo dia 6 de junho, para acompanhar a perícia, para fazermos a reprodução simulada.

Preparamos uma equipe maior: eu, encarregado, e mais dois peritos, a fotógrafa pericial Telma Rocha e mais dois fotógrafos, três desenhistas, um para fazer a filmagem e dois para fazer a planta inteira do apartamento. Fizemos a reprodução simulada, que é a versão contada por ela.

Depois de fazermos toda a reprodução, partimos para o teste de Luminol, até para comprovar se Marcos foi arrastado, onde ela o matou e onde ela o tinha esquartejado.

Diante da confissão de Elize, fomos aplicando Luminol em toda parte apontada por ela. No local em que ela disse ter atirado em Marcos, houve identificação de sangue no rejunte do piso. O exame de Feca Cult também deu positivo para sangue humano, então fizemos também as coletas para o exame de laboratório.

Fizemos a reprodução simulada do arrastamento do corpo e o exame de Luminol. O arrasto da vítima se deu desde a entrada do apartamento, passando para a sala de estar, pelo corredor, até a suíte de hóspedes, no pavimento inferior, onde ela declarou ter feito o esquartejamento do corpo de Marcos Kitano. Ali foram observados resíduos de sangue no chão, nos rejuntes e na parede.

Na reprodução simulada, levamos um manequim para ilustrar a dinâmica. Elize relatou que utilizou uma faca de cerâmica, justificando que esse tipo de lâmina não perde o fio facilmente. No entanto, ficou claro que, em alguns pontos, não havia como todos os cortes terem sido feitos apenas com faca.

O laudo do médico-legista foi bastante detalhado nesse aspecto: apontou que houve cortes muito precisos, compatíveis com execução por alguém com conhecimento técnico na área cirúrgica. Em contrapartida, identificou cortes mais irregulares, típicos de uma pessoa sem experiência nesse tipo de procedimento.

A secção do joelho e a da região abdominal, por exemplo, foram feitas de forma técnica: não houve perfuração de vísceras, e a cartilagem dos joelhos permaneceu intacta, indicando precisão. Já as junções do pescoço e dos membros superiores apresentavam cortes menos uniformes, característicos de quem não domina técnicas cirúrgicas.

Na reprodução do crime, Elize relatou o seguinte: ela e Marcos pediram uma pizza. Enquanto estavam sentados à mesa, ela contou que havia contratado um detetive particular para comprovar a traição dele. Segundo o depoimento, Marcos se irritou, reclamou que ela estava gastando o dinheiro dele com isso, e a discussão aumentou até que ele se levantou e deu um tapa no rosto dela.

Ela, então, saiu da sala de jantar, passou pela sala onde havia um balcão de charutos e bebidas de Marcos e chegou a uma cômoda onde ele mantinha uma arma guardada, por precaução contra assaltos. Pegou essa arma, voltou pelo mesmo trajeto e seguiu em direção a uma copa ao lado da cozinha. Nesse momento, Marcos saiu da mesa, e ela ouviu os passos, os xingamentos e as ameaças de separação, dizendo que ficaria com a filha, enquanto continuava a insultá-la.

Durante o depoimento, perguntei o que Elize havia visto nos olhos de Marcos. Ela respondeu: "Vi raiva". Perguntei também o que viu no momento do disparo, e a resposta foi "ódio". Mas, se ela realmente estava olhando nos olhos dele, não seria possível acertar o tiro naquela angulação. Elize indicou a distância entre os dois: foi medido 1,92 metro. No entanto, o laudo do legista apontou resíduo de disparo a curta distância. Pela concentração da zona de tatuagem na cabeça de

Marcos, essa distância seria de, aproximadamente, vinte centímetros. Portanto, o relato de Elize não se sustenta.

No dia do crime, o interfone tocou, ele desceu para buscar a pizza, e há imagens que mostram Marcos no elevador, visivelmente irritado, chegando a chutar as paredes. Isso me indica que a discussão pela contratação de um investigador particular já havia começado.

Na minha avaliação, o que Elize fez foi pegar a arma e esperar o momento que ele voltasse para o apartamento.

Vamos imaginar a seguinte situação: Marcos estava com a pizza em uma mão e, com a outra, precisava abrir a porta para entrar em casa. Naturalmente, ao fazer isso, não manteria a cabeça ereta; ao contrário, olharia para baixo para equilibrar a caixa da pizza, enxergar a maçaneta e não esbarrar na porta. Nesse momento, a cabeça estaria inclinada para a frente. Se alguém efetuasse um disparo nessa condição, a angulação seria exatamente a que o legista descreveu no laudo, em relação ao trajeto do projétil.

É importante explicar: quando o projétil ainda está no ar, usa-se o termo "trajetória"; quando penetra o corpo, chama-se "trajeto". O legista descreve o trajeto considerando o corpo em posição ortostática, ou seja, a vítima de pé, com os braços estendidos ao lado do corpo, palmas das mãos voltadas para a frente e o olhar no horizonte. Assim, o laudo indica que o projétil percorreu o corpo de frente para trás, da esquerda para a direita e de cima para baixo, assumindo essa postura padrão.

Na prática, porém, Marcos não estava parado, ereto, olhando para a frente. Estava entrando em casa, com a cabeça baixa, segurando a pizza. Esse detalhe explica perfeitamente a angulação do disparo. Além disso, Marcos tinha formação em artes marciais, era faixa preta, e não permitiria uma aproximação armada sem esboçar reação, a menos que fosse surpreendido. No meu entender, fica claro que Elize o surpreendeu nesse instante crítico. Não haveria possibilidade de aproximação com a arma à mostra sem resistência por parte dele.

No corredor em frente à porta de entrada, que corresponde ao caminho entre a copa onde Elize se posicionou e a porta do apartamento, foram encontrados vestígios de sangue no piso. A aplicação de Luminol no rejunte confirmou a presença de sangue humano. Se a execução tivesse ocorrido em outro cômodo, não haveria justificativa para a existência de sangue exatamente nesse trecho, próximo à entrada.

Dentro da hipótese de execução de surpresa, no momento em que Marcos retornava ao apartamento, ou considerando-se a posição do disparo indicada por Elize, a presença de sangue nesse local é coerente com a dinâmica descrita.

O fato é que o apartamento continuou sendo utilizado normalmente. O crime havia ocorrido dez dias antes, então resta questionar o que, de fato, poderia ser preservado. Não fazia sentido trancar o banheiro, por exemplo, já que outras pessoas provavelmente o utilizaram nesse intervalo. É evidente que, nesse contexto, parte do local não estava mais isolada, podendo haver contaminação.

Ainda assim, os pontos que reagiram ao Luminol não foram comprometidos, assim como os exames com Feca Cult também não sofreram interferência. Portanto, é necessário avaliar o que realmente poderia ter sido contaminado e o que, de fato, impactaria o trabalho pericial.

Quando o crime é recente, todo o cuidado é tomado para evitar qualquer alteração no local. No entanto, quando se trata de um ambiente que seguiu sendo habitado, com circulação de moradores, empregados, uma criança e até a presença da mãe de Elize, torna-se inviável isolar completamente a cena.

Nessas condições, não é possível afirmar com segurança, por exemplo, a autoria de uma impressão digital deixada no ambiente, justamente por não haver controle de acesso após o fato.

Na reprodução simulada, Elize já estava com a cabeça baixa, demonstrando como teria manuseado as malas. A equipe precisava verificar se, no intervalo registrado pelas câmeras do elevador e no tempo de saída da garagem, ela teria condições reais de carregar tudo sozinha. Para isso, foram utilizadas cargas pesadas para preencher as malas, simulando o peso aproximado.

Em determinado momento, acabaram os sacos de farinha e outros produtos da Yoki usados como lastro, então foi improvisada uma caixa de madeira. Elize, ao perceber, questionou de imediato: "De onde tiraram essa caixa? Do canto? Essa não, porque tem vinho caro". Chamou atenção o fato de, mesmo sob custódia, demonstrar preocupação com o conteúdo de valor. Ao final, a caixa foi substituída para evitar conflitos.

O resultado surpreendeu: Elize completou toda a movimentação em menos tempo do que o registrado no dia do crime. Ela desceu com as malas, respeitou o tempo de deslocamento do elevador, afastou o carro da parede, posicionou as malas ao lado do veículo, entrou no porta-malas e, agachada, puxou cada mala para dentro, exatamente como foi analisado.

Apesar de toda essa reconstituição, as malas originais e a faca de cerâmica que Elize afirmou ter usado para o esquartejamento nunca foram localizadas. Foram realizados testes até em uma serra elétrica adquirida pouco tempo antes, mas também não foram encontrados vestígios compatíveis.

CONDENAÇÃO

O trabalho pericial foi fundamental para fechar as lacunas: fizemos a reprodução simulada para entender a posição do tiro, analisamos a trajetória balística, os vestígios de sangue encobertos e todo o material genético. Tudo isso deu suporte técnico para a denúncia por homicídio doloso triplamente qualificado, motivo torpe, recurso que impossibilitou a defesa e meio cruel, além de destruição e ocultação de cadáver.

Em 2016, Elize foi condenada a 19 anos, 11 meses e 1 dia de prisão. Até hoje, esse caso é referência quando se fala de feminicídio ao contrário, crimes passionais envolvendo casal de alto padrão econômico e como a perícia pode revelar o que tentaram apagar.

DEPOIMENTO

Por eu ter sido o perito responsável pela reprodução simulada do assassinato e esquartejamento de Marcos Kitano Matsunaga, fui arrolado no julgamento de Elize Matsunaga como testemunha da acusação. O julgamento começou no dia 28 de novembro e foi concluído em 4 de dezembro de 2016. Fui ouvido no terceiro dia. Elize estava posicionada à minha esquerda e permaneceu de cabeça baixa diante dos jurados. Confirmei os detalhes com Luminol e os vestígios de sangue humano no apartamento, além de verificar o tempo do trajeto com três malas até o carro – no dia do crime, Elize levou cerca de 8 minutos para realizar o trajeto; na reconstituição, fez em 6 minutos, evidência de domínio da dinâmica. Também confirmei que ela pegou a pistola .380 na cômoda da sala. Contestei a versão de que Elize havia realizado o esquartejamento de pé, sozinha e sem técnica. Isso era "impossível e incompatível" com a precisão exigida pelas lesões observadas.

CAPÍTULO 10

A PERÍCIA COMO ELA É: O DIA A DIA NA PRÁTICA

O trabalho de um perito criminal é dinâmico, exigente e, acima de tudo, fundamentado em atenção minuciosa aos detalhes, conhecimento técnico consolidado e equilíbrio emocional para lidar com situações de alta complexidade.

Quem escolhe essa profissão sabe que não existe rotina previsível: cada chamado pode ser uma ocorrência simples ou um crime que ganhará repercussão nacional. O perito precisa estar preparado para analisar locais de crime em diferentes condições, aplicar métodos científicos com precisão, registrar vestígios sem margem para erros e, muitas vezes, enfrentar pressão de investigadores, imprensa e até de familiares das vítimas.

Este capítulo traz uma amostra concreta de como é a rotina de campo, desde o momento em que se recebe o chamado até a entrega de laudos que podem definir o rumo de uma investigação. Para ilustrar isso de forma prática, compartilho casos reais, entremeados de reflexões técnicas e relatos de bastidores que mostram como a perícia funciona de fato, sem glamour, mas com a responsabilidade de buscar a verdade material dos fatos.

BRIGAS DE TORCIDAS

Certa vez fui acionado para atender uma ocorrência de briga entre torcidas organizadas no bairro de São Miguel Paulista, na Zona Leste de São Paulo, na Praça do Forró, bem ao lado da estação de trem de São Miguel Paulista. Duas torcidas se encontraram no local em um embate anunciado, com a clara intenção de confronto físico. Carregavam consigo porretes, tacos de madeira e pedaços de cano, para o que chamamos de confronto arsenal.

Naquele dia, porém, em meio à confusão, surgiu um indivíduo armado que disparou e atingiu um transeunte, que não tinha envolvimento direto na briga. Do outro lado da via, uma câmera de segurança registrou parte da movimentação, mas identificar o atirador em meio à multidão foi extremamente difícil. O vídeo mostrava a vítima tentando sair do tumulto. Uma testemunha chegou a indicar, de forma genérica, a direção de onde o tiro teria partido, mas sem detalhes concretos.

Após um disparo como esse, a cena se esvazia rapidamente. Ninguém permanece para relatar o que viu. Naquele dia, uma base da Polícia Militar próxima mantinha cerca de seis policiais para conter mais de duzentos envolvidos, um cenário em que, pela desvantagem numérica, o controle é praticamente inviável.

Em situações assim, o uso de colete balístico é indispensável. O equipamento que recebemos é, basicamente, uma placa grossa de Kevlar revestida por camadas de borracha. Apesar do incômodo, não há margem para abrir mão do colete.

LOCAL DE CRIME EM CASO DE CHACINA

Em casos de chacina, o perito de plantão é quem assume o atendimento. Participei de uma ocorrência com cinco mortos, na divisa entre Jaçanã e Guarulhos, sob a Rodovia Fernão Dias. Três corpos estavam sob a ponte, um estava no acesso da rodovia, baleado, e o quinto foi encontrado mais adiante. Aparentemente tentou fugir, mas acabou executado.

Fui o perito responsável pela cena. Fiz a análise completa da área, dos corpos e dos objetos encontrados com as vítimas.

A região tinha alta concentração de pessoas em situação de rua, muitas delas usuárias de drogas, e havia relatos de assaltos a motoristas que passavam pelo trecho da rodovia. A suspeita era de que alguém tenha ido até lá com o objetivo de "limpar a área". Fiz todo o trabalho pericial, do início ao fim.

UM CASO MARCANTE: TENTATIVA DE ASSALTO NO MORUMBI

Domingo à noite, bairro do Morumbi. O Grupo Armado de Repressão a Roubos e Assaltos, Garra, já havia recebido informações de inteligência sobre uma quadrilha que planejava um grande assalto na região. O alvo ainda era incerto – poderia ser um banco, um caixa eletrônico ou uma residência. O grupo acabou escolhendo invadir uma casa de família. Usaram um Santa Fé blindado e um Fiat Toro como veículos de apoio.

Enquanto parte da quadrilha arrombava a residência, um olheiro percebeu a aproximação das viaturas e avisou os comparsas por telefone. Com a informação, o grupo iniciou a fuga. O Fiat Toro foi posicionado para subir a rua, enquanto o Santa Fé aguardava na direção contrária. Um delegado que patrulhava a área interceptou o Fiat Toro, o que desencadeou uma troca de tiros. O Garra entrou em ação, e o tiroteio se espalhou pela rua. Tentando escapar, o Santa Fé subiu na calçada, mas colidiu com uma árvore, e a fuga terminou ali.

Cinco criminosos estavam dentro do Santa Fé. No Fiat Toro, três foram mortos durante o confronto. Dois integrantes fugiram a pé: um foi localizado na rua lateral; o outro, na rua de trás. Ambos foram detidos. Havia a suspeita de que pelo menos um membro do grupo – possivelmente o olheiro – tenha conseguido fugir.

Naquele dia eu não estava de plantão, mas fui acionado pelo meu chefe, Renato Domingos Pattoli, e segui direto para o Morumbi após passar rapidamente em casa para vestir o uniforme. O delegado Fabrício Cintra Eigenher também solicitou apoio de mais um fotógrafo da equipe de plantão, Moisés de Assis Maria, e do perito Ricardo Averbach Rebouças.

Ao chegar, a cena ainda estava bastante movimentada. Havia moradores e curiosos nos arredores, e o chão estava coberto por estojos de fuzil, principalmente ao redor do Santa Fé. No local foram encontradas dez vítimas com ferimentos por arma de fogo.

O Fiat Toro havia colidido com uma viatura Spin e com um Ford Explorer estacionado. Próximos a esse veículo estavam três corpos. Cerca de quarenta metros adiante, o Santa Fé havia subido na calçada e colidido com uma árvore. Ao lado do carro, sobre o asfalto, os bombeiros haviam retirado outras cinco vítimas. Mais uma foi localizada em uma rua lateral, e a décima, na rua de trás.

A quantidade de estojos dentro do Santa Fé indicava que os criminosos revidaram de dentro do carro, abrindo as portas apenas o suficiente para atirar. Todos usavam coletes balísticos, luvas e carregadores reservas. Estavam bem armados e preparados para confronto.

Foi uma das ocorrências mais marcantes da minha carreira. Não apenas pela quantidade de mortos e pelo arsenal envolvido, mas pela estrutura e frieza da ação. Exigiu muito mais que conhecimento técnico: foi preciso concentração, atenção aos detalhes e respeito pela gravidade do que havia ocorrido.

Situações como essa não são esquecidas. Permanecem na memória de quem esteve presente.

PERÍCIA EM LOCAL DE INCÊNDIO

Em ocorrências de incêndio, a prioridade inicial é verificar a condição da vítima. Em geral esses casos são atendidos pela equipe de engenharia, mas, quando há indícios claros de crime, como uma vítima amarrada no meio da sala, a presença do perito criminal é essencial. O apoio técnico da engenharia é sempre bem-vindo, mas a análise criminal é indispensável.

O trabalho começa pela avaliação da vítima: posição em que foi encontrada, se havia sinais de amarração, se estava deitada, sentada ou em tentativa de fuga. Depois o foco se volta para a identificação do ponto de origem do fogo. Em incêndios criminosos, é comum o uso de combustíveis, os chamados acelerantes, para espalhar as chamas rapidamente.

Coletam-se amostras do local suspeito de onde se teria iniciado o fogo, que são encaminhadas ao laboratório de criminalística. É lá que se determina se houve uso de álcool, gasolina, querosene ou outro produto inflamável. Já em incêndios acidentais, como os causados por curto-circuito, o cenário costuma ser distinto: a posição da vítima e os padrões de queima ajudam a apontar a causa.

Em um dos casos que atendi, a vítima foi encontrada parcialmente queimada, ainda deitada em um colchão que não foi totalmente consumido. O fogo chegou a se espalhar, mas apagou antes de destruir tudo. A equipe de engenharia esteve no local e confirmou: havia vestígios claros de álcool sobre a vítima. Situações como essa facilitam a identificação do foco e a coleta de material para análise.

Em outros casos, no entanto, o fogo destrói toda a cena. Já atendi ocorrência em que um ônibus foi incendiado de ponta a ponta, sem nenhuma área preservada. Sem um ponto de início reconhecível ou amostras viáveis, o laudo técnico é objetivo: "impossível determinar o foco do incêndio", mesmo quando há suspeita de ação criminosa.

Também atendi uma ocorrência em uma residência parcialmente destruída pelo fogo. A vítima estava carbonizada na sala, no térreo. Quando o corpo é consumido pelas chamas, a perícia local se limita, e o material é encaminhado ao IML para possível identificação por DNA.

Já encontrei situações em que a vítima foi amarrada com fita adesiva ou fios. Com o calor, o plástico derreteu, mas os fios de cobre permaneceram presos ao corpo, evidência direta de homicídio seguido de incêndio para ocultação. Nessas situações, identificar com precisão o foco do fogo e confirmar o uso de acelerante são etapas fundamentais para reconstruir a dinâmica do crime.

PERÍCIA EM LOCAL COM ENCONTRO DE OSSADAS

Já atendi diversas ocorrências envolvendo ossadas. Em geral, esse tipo de perícia consiste na remoção dos restos mortais. O procedimento exige escavação cuidadosa do solo para localizar todos os ossos, muitas vezes reunindo-se o material de forma rudimentar, quase artesanal, para posterior encaminhamento ao IML.

Em um dos casos, a ossada foi encontrada no quintal de uma casa em construção. Fomos retirando a terra camada por camada e organizando os ossos sobre um plástico, ali mesmo: braços, pernas, tudo alinhado para verificar se o esqueleto estava completo. Mas nem sempre é possível afirmar com precisão, no local, se havia todas as vértebras ou se algum osso menor estava ausente.

Atualmente, em casos mais estruturados – especialmente quando envolve cemitérios clandestinos –, a perícia costuma ser feita em conjunto com um médico-legista e, se necessário, um antropólogo forense. Quando há planejamento, a área é previamente investigada e se define o melhor momento para a escavação, que pode exigir o uso de retroescavadeiras, reforço de equipe e até cães farejadores.

Em uma dessas ocorrências, levamos cães da Guarda Civil Municipal (GCM) para varredura em uma área suspeita. Eles localizaram a vítima já em avançado estágio de esqueletização. Durante a escavação, próximo à cabeça, encontramos um saquinho com documentos – entre eles o RG da pessoa. Ao cruzar os dados, identificamos um boletim de ocorrência de desaparecimento registrado dois anos antes. A informação foi confirmada no local à delegada responsável. A identificação oficial, no entanto, só ocorre após exame de DNA, com material coletado de familiares.

Já participei de escavações maiores em cemitérios clandestinos. Em um caso na Zona Leste, foram encontradas onze vítimas. Em outro, na Zona Sul, quatro covas. Nessas situações, o principal desafio é a identificação. Sem roupas, documentos ou objetos pessoais, e sem boletim de ocorrência compatível, a confirmação se torna difícil. Muitas vezes o desaparecimento é registrado em outra cidade; por exemplo, a família faz o boletim de ocorrência em Mauá, mas o corpo é localizado na capital. É necessário cruzar dados sobre vestimentas, características físicas e tempo de desaparecimento, o que exige investigação minuciosa.

No fim, localizar uma ossada é apenas o início de um processo que pode estender-se por semanas ou meses até que se chegue à identificação definitiva.

PERÍCIA EM LOCAL DE ACIDENTE DE TRÂNSITO

Em locais de acidente de trânsito, o principal objetivo da perícia é entender a dinâmica da ocorrência. O trabalho começa pela análise da posição final dos veículos, marcas de frenagem na pista e o tipo dessas marcas – se são retilíneas ou de derrapagem lateral, o que pode indicar, por exemplo, perda de controle em curva. Esses detalhes ajudam a reconstituir o momento do impacto.

É essencial identificar o ponto exato da colisão e avaliar as condições das vítimas. Na maioria dos casos, quando a perícia chega, os bombeiros já removeram os feridos – muitas vezes após cortar o teto do carro, soltar os cintos ou desmontar portas. Isso significa que o veículo pode não mais estar na posição original, o que afeta a análise inicial.

Nos casos com vítima fatal, é fundamental observar a posição do corpo antes da remoção, para verificar se há indícios de violência anterior à colisão, como perfuração por arma de fogo. Isso é comum em tentativas de assalto, em que o motorista é baleado, perde o controle e acaba colidindo. Por isso, além da análise da cena, exames complementares no Instituto Médico Legal são indispensáveis para verificar possíveis traumas, uso de álcool ou de drogas, entre outros elementos.

Um perito com experiência em trânsito consegue, com base nos danos dos veículos e nos vestígios no local, traçar com boa precisão a dinâmica da colisão. No entanto, há obstáculos práticos: em vias movimentadas, os veículos geralmente são removidos rapidamente para liberar o tráfego. Quando a perícia chega, o cenário já pode estar alterado, carros deslocados, desmontados ou com a pista limpa. Muitas vezes o trabalho é feito com base nos vestígios remanescentes.

Os bombeiros, por protocolo, removem todas as vítimas das ferragens, inclusive as fatais. Quando necessário, retornam com os equipamentos adequados para permitir a remoção pelo IML.

Na capital há delegacias especializadas em trânsito, e os peritos desses departamentos lidam especificamente com esse tipo de caso. Fora da capital, o perito atua em todas as frentes: homicídios, incêndios, crimes ambientais, acidentes, entre outros. É um plantão generalista.

Em um dos casos que acompanhei, dois veículos colidiram de frente após um deles invadir a pista contrária. Houve, ainda, impacto leve contra um poste, mas o dano principal foi a colisão entre os carros. A deformação do capô, que se elevou e quebrou o para-brisa, indicava que não houve atropelamento. Apesar de as vítimas já terem sido removidas, ainda foi possível obter informações relevantes no local para entender a dinâmica do acidente.

LOCAL DE CRIME COM VÍTIMA EM ESTÁGIO DE SAPONIFICAÇÃO

A saponificação, ou formação de adipocera, é um fenômeno conservador que ocorre sob condições específicas de umidade e temperatura. O corpo se transforma em uma substância cerosa ou gordurosa, de consistência mole e quebradiça e coloração variável entre o amarelo e o marrom-escuro. Em alguns casos, a aparência lembra sabão.

Atendi um caso em que a vítima, uma mulher, foi encontrada em estágio avançado de saponificação. O corpo estava em um barranco à margem da Rodovia Anchieta, sentido sul, no município de Cubatão. A investigação apontou que ela havia sido sequestrada e morta na capital e posteriormente levada até o local por um policial, com o objetivo de ocultar o cadáver.

A área era isolada, de acesso muito difícil. Sem a confissão do autor, o corpo provavelmente não teria sido localizado. O barranco era íngreme e coberto por vegetação densa; do ponto de observação na estrada só era possível ver o declive e as copas das árvores. O odor típico da decomposição não era perceptível na via.

Quando cheguei, os bombeiros ainda realizavam o resgate. O corpo foi colocado sobre um platô improvisado entre a estrada e o barranco. Apesar do estado de conservação, os sinais de estrangulamento eram claros: uma abraçadeira plástica (enforca-gato) permanecia no pescoço e outra prendia os punhos da vítima.

Um aspecto relevante desse caso foi a ausência quase total de odor cadavérico. A umidade da serra desviou o processo da putrefação gasosa para a saponificação, o que preserva o corpo por muito mais tempo. Outro detalhe incomum foi a integridade de estruturas faciais, como nariz, orelhas e lábios - geralmente destruídas pela fauna local em ambientes de mata.

Casos como esse evidenciam o impacto direto das condições ambientais na decomposição e nas possibilidades de análise pericial. Em situações de saponificação, é possível identificar lesões, instrumentos causadores e a posição original do corpo mesmo após longo período, o que contribui significativamente para o esclarecimento dos fatos.

LOCAL DE CRIME COM VÍTIMA EM ESTÁGIO DE MUMIFICAÇÃO

A mumificação é um processo de preservação cadavérica que retarda de forma significativa a decomposição. Pode ocorrer naturalmente, quando as condições ambientais favorecem, ou de forma artificial, com o uso de substâncias químicas aplicadas para conservar o corpo por mais tempo. Na forma natural, a putrefação avança lentamente, podendo levar anos até a esqueletização completa. Já na artificial, o objetivo é conter a decomposição de maneira controlada - recurso comum em casos de traslado internacional ou quando há atraso no sepultamento.

Na prática pericial, diante de um corpo mumificado naturalmente, o foco recai sobre a avaliação do estado de conservação, identificação de lesões visíveis e coleta de vestígios que ainda possam indicar a causa da morte. Ambientes secos, ventilados ou expostos a calor intenso favorecem a desidratação dos tecidos, o que dá ao corpo uma aparência ressecada característica da mumificação.

Em todos os atendimentos que realizei, nunca encontrei um caso de mumificação natural com preservação avançada. O mais antigo que examinei já se encontrava em fase de esqueletização. Se houve algum grau de mumificação, foi mínimo e incompleto, sem preservação significativa dos tecidos moles.

Nesses casos, é fundamental registrar a posição do corpo, verificar sinais de violência nos ossos e recolher eventuais fragmentos de roupas ou objetos que possam auxiliar na identificação. Em regiões secas e isoladas, é possível que o corpo permaneça mumificado por longos períodos, o que pode preservar elementos importantes para a investigação criminal.

LOCAL DE CRIME COM VÍTIMA DE INFANTICÍDIO

Em casos de infanticídio, é importante considerar que a mãe, além de enfrentar o peso emocional, passa por um verdadeiro turbilhão hormonal. O estado puerperal, embora não seja tão comum, também não é raro e pode levar a uma perda total de lucidez. Na prática, quem lida com esse tipo de ocorrência sabe que, muitas vezes, não se trata apenas de semi-imputabilidade, mas de uma inimputabilidade real. Gerar uma vida é, por essência, um ato de cuidado e proteção; por isso, é necessário que essa mulher esteja em um estado psíquico e hormonal profundamente alterado para chegar a cometer um crime tão extremo. Na maioria das situações, a punição mais severa é o peso da consciência, quando ela recupera a clareza e se dá conta do que aconteceu.

Para nós, peritos, esse tipo de ocorrência é sempre uma tragédia difícil de enfrentar. Lembro-me de um caso no Morumbi: uma criança recém-nascida foi encontrada dentro de uma sacola de supermercado, arremessada sobre a edícula de uma residência. Quando cheguei, deparei-me com a cena: uma sacola plástica e, dentro dela, uma criança muito pequena, provavelmente com poucos dias ou, no máximo, um ou dois meses de vida. Havia uma tira de tecido amarrada ao redor do pescoço, o que evidenciou claramente o estrangulamento.

Confesso que, ao ver aquela cena, precisei sair por alguns minutos. Fiquei do lado de fora, tentando me recompor para conseguir continuar o trabalho. Não é fácil lidar com um corpo tão pequeno e frágil. O delegado queria identificar de qual supermercado vinha a sacola, na tentativa de rastrear quem poderia tê-la utilizado na região. Então precisei voltar, abrir a sacola, retirar a criança com todo o cuidado e registrar cada detalhe em fotografias. O exame perinecroscópico confirmou o estrangulamento: a tira de tecido, rasgada e desfiada em uma das extremidades, estava firmemente amarrada ao pescoço do bebê.

Situações como essa abalam qualquer profissional, por mais preparado que esteja. Naquele dia, toda a equipe ficou bastante impactada. Fizemos o que era possível no momento: registramos tudo em detalhes, coletamos os vestígios e realizamos a análise inicial do local. A investigação mais aprofundada ficou sob responsabilidade de outra equipe, já que tínhamos outros atendimentos na sequência. Até onde sei, a autoria nunca foi identificada, mas a tragédia ficou marcada na memória de todos os que participaram daquele trabalho.

No caso de crimes contra recém-nascidos ou crianças muito pequenas, traçar um perfil do autor é bastante complexo. O estado puerperal é passageiro; não é algo previsível nem restrito a quem tenha histórico de distúrbios mentais. Pode ocorrer com qualquer mãe em situação de extremo desequilíbrio. Por isso é muito difícil prevenir ou compreender totalmente esse tipo de crime.

Também existem situações igualmente chocantes que envolvem violência contra crianças um pouco mais velhas – casos de espancamento ou abuso sexual que levam à morte. Soube de um caso, que não acompanhei pessoalmente, de um bebê de apenas três meses, vítima de estupro, que teve órgãos internos gravemente lesionados. Um crime assim revela um desvio psicológico profundo do agressor.

No dia a dia, a perícia criminal, principalmente em grandes centros como São Paulo, lida com todo tipo de ocorrência: homicídios, crimes contra o patrimônio, incêndios e acidentes de trânsito. Fora da capital, no interior, o perito faz de tudo um pouco: atua desde na queda de um avião até no furto de uma galinha. Mesmo com essa rotina tão variada, nada de fato o prepara emocionalmente para um crime brutal contra uma criança tão pequena.

Do ponto de vista técnico, crimes de infanticídio costumam ser relativamente diretos na análise. Em casos de asfixia ou estrangulamento, os sinais costumam ser claros. Já em situações de maus-tratos, a perícia exige ainda mais cuidado: fraturas em ossos de bebês, conhecidos como "ossos verdes" devido à flexibilidade, geralmente apontam para violência, pois não se quebram facilmente em quedas leves. Por isso profissionais da saúde, como enfermeiros e médicos, são treinados para reconhecer indícios de espancamento disfarçados como "acidentes domésticos".

O grande desafio é que, nos primeiros episódios, é difícil comprovar a violência. Muitas vezes o trauma é explicado como resultado de uma queda, de um descuido ou de algo que realmente poderia acontecer em uma casa com criança pequena. Mas a repetição é o que acende o alerta. Ainda assim, o sistema, em muitos casos, demora a agir, e isso infelizmente pode resultar em desfechos fatais.

No fim das contas, cada local, cada corpo e cada tragédia deixam uma marca que só quem já viveu esse trabalho entende. É isso que faz da perícia criminal uma atividade ao mesmo tempo tão técnica e, acima de tudo, profundamente humana.

PERÍCIA EM LOCAL COM LATROCÍNIO

No meio policial costuma-se dizer que o latrocínio é o "roubo que deu errado" e acabou resultando na morte de alguém. Mas, na prática, nem sempre é assim. Existem casos em que o criminoso é tão violento que mata por prazer ou para garantir o roubo sem deixar testemunhas.

Por isso o latrocínio é um crime complexo, pois reúne o interesse patrimonial com a violência letal.

Para o perito criminal, o primeiro passo é compreender o *modus operandi* do autor. Em um roubo dentro de uma residência, por exemplo, é comum encontrar o local revirado, sinais de arrombamento, objetos de valor faltando e, muitas vezes, a vítima amarrada ou imobilizada. Se houve reação, é comum identificar sinais de luta, lesões de defesa ou até armas improvisadas espalhadas pelo ambiente. Quando o ladrão se sente acuado ou a vítima reage, o crime pode rapidamente evoluir para homicídio.

Outro aspecto importante: em crimes de latrocínio, geralmente não existe vínculo anterior entre vítima e autor. O criminoso escolhe o alvo por oportunidade. Para isso, costuma conhecer bem a região, sabe onde há patrulhamento, vigilância particular, fluxo de viaturas e horários de menor movimento. É muito raro agir em um local totalmente desconhecido. Normalmente, observa o padrão de vida da vítima, a rotina da rua e a movimentação dos vizinhos. Nada é aleatório.

Por isso, na investigação, quando o caso é classificado como roubo seguido de morte, ele costuma ser encaminhado para o Departamento Estadual de Investigações Criminais (Deic), que é especializado em crimes de roubo. Já os homicídios sem relação com roubo ficam sob a responsabilidade do DHPP. Esse tipo de investigação depende muito do trabalho de campo e de informantes, conhecidos no meio como "gansos", que vivem na comunidade e podem apontar quem são os ladrões que atuam na região.

Já atendi latrocínios de todos os tipos. Um caso que ficou marcado na memória foi o de um comerciante oriental, dono de um pequeno estabelecimento de bairro. Invadiram a casa dele, o amarraram e começaram a agredi-lo para conseguir dinheiro. Em um dos golpes, atingiram a base da nuca – um ponto que, quando golpeado com força, pode provocar parada cardiorrespiratória. Não usaram arma de fogo nem faca: foi uma morte por espancamento, motivada unicamente pelo dinheiro.

Outro exemplo clássico é quando o criminoso mata para eliminar testemunhas ou durante a fuga. Já vi gravações de ladrão atirando em um motociclista, derrubando a vítima na rua e fugindo com a moto. É direto, frio. O objetivo é o bem material; o homicídio é apenas um "meio" para garantir a posse e a fuga.

Em alguns casos, criminosos simulam um latrocínio para encobrir outro tipo de crime. O caso Richthofen é um exemplo conhecido: o assassinato do casal foi planejado para parecer um roubo seguido de morte. Toda a cena foi organizada para enganar a perícia e os investigadores. Isso mostra como a intenção do autor define tudo: em um latrocínio verdadeiro, o objetivo principal é o patrimônio; a morte é um resultado colateral ou uma forma de eliminar testemunhas.

Do ponto de vista pericial, uma cena de latrocínio costuma apresentar sinais mistos: ambiente revirado, marcas de luta, vítima imobilizada, bens subtraídos e, muitas vezes, violência desproporcional. Em alguns casos, o autor ameaça familiares, tortura ou usa força extrema para obrigar a vítima a entregar mais dinheiro. Já atendi ocorrência em que o ladrão apontou a arma para a cabeça de uma criança para extorquir o pai, e, em situações mais extremadas, a criança acabou sendo morta.

O trabalho do perito é reunir todos os elementos que possam ajudar a esclarecer a dinâmica do crime: impressões digitais, pegadas, pontos de acesso, vestígios de DNA, rastros de sangue, objetos fora do lugar. Cada detalhe pode indicar se houve reação, tentativa de fuga ou até uma encenação para confundir a polícia.

No fim das contas, o latrocínio é um crime que reúne a frieza de quem busca o patrimônio com a violência de quem não hesita em matar para conseguir o que quer ou para não ser identificado. É um dos tipos de cena mais complexos de analisar e, ao mesmo tempo, um dos mais desafiadores para quem atua na perícia criminal.

PERÍCIA EM LOCAL DE HOMICÍDIO DECORRENTE DE INTERVENÇÃO POLICIAL

Na cidade de São Paulo, a estrutura atual do Núcleo de Crimes Contra a Pessoa funciona da seguinte forma: quando ocorre um confronto entre policial e criminoso sem morte, o caso é registrado como resistência – ou, segundo a nomenclatura mais recente, homicídio decorrente de oposição à intervenção policial, mesmo que não haja óbito. Se houver morte de autoria desconhecida e o local estiver preservado, a delegacia distrital aciona o DHPP.

Quando o confronto envolve policiais militares em serviço e resulta em morte, há uma divisão clara de atribuições: a Corregedoria da PM conduz sua apuração interna, mas não deve interferir no local do crime, já que o inquérito principal é de responsabilidade da Polícia Civil. Na prática, no entanto, é comum que a Corregedoria já esteja no local, analisando imagens e colhendo informações antes mesmo da chegada da equipe do DHPP ou da perícia.

Atendi uma ocorrência assim em um estacionamento próximo ao Instituto de Criminalística, no Butantã. Dois ladrões morreram após confronto com a PM. Quando chegamos, a Corregedoria da PM já estava no local, concentrada em documentar a atuação dos policiais: por onde avançaram, de onde atiraram, onde os suspeitos caíram. No entanto, para que a perícia seja completa, é fundamental confirmar se realmente houve troca de tiros, ou seja, se os criminosos de fato revidaram.

Nesse caso, fiz questão de inspecionar toda a área atrás da posição dos policiais. Localizei perfurações em um carro, marcas de impacto em uma parede e até no suporte do telhado, evidências claras de disparos feitos na direção dos policiais. Ou seja, ficou comprovado que houve troca de tiros: os ladrões atiraram e os policiais revidaram. Isso demonstra que a ação ocorreu dentro dos limites do estrito cumprimento do dever legal.

Se a perícia registrasse apenas os disparos feitos pelos policiais, sem confirmar os tiros disparados pelos criminosos, inevitavelmente surgiriam dúvidas: houve legítima defesa? Houve excesso? Por isso, é fundamental mapear todos os disparos, ângulos e pontos de impacto. Além disso, as testemunhas complementam essa análise: uma sequência contínua de tiros indica confronto real; já estampidos isolados e espaçados podem levantar suspeitas de arma plantada ou de encenação.

Já presenciei casos em que, na tentativa de "corrigir" a cena, dispararam a arma do criminoso em sentido oposto, para simular reação. Mas o padrão de tiro acaba denunciando a farsa: agrupamentos perfeitos em pontos improváveis, perfurações incompatíveis com a posição do suposto atirador. Por isso a perícia não se limita a verificar perfuração por projétil, mas analisa ângulos, altura, distância, obstáculos atingidos e todos os detalhes que comprovem a coerência da dinâmica.

Em situações como essa, é comum realizar-se uma reprodução simulada reunindo policiais, testemunhas, imagens de câmeras e todas as versões colhidas. Muitas vezes os depoimentos isolados não se encaixam, já que cada pessoa relata o que viu de um ponto específico e em fração de segundo marcada por alta tensão. A reprodução ajuda a reconstruir esses fragmentos e a esclarecer dúvidas sobre posições, deslocamentos e trajetórias de disparos.

Outro aspecto fundamental: em um confronto armado, o tempo de reação é praticamente inexistente. O policial não tem margem para refletir, ele reage de acordo com o treinamento. Um piscar de olhos ou um movimento errado pode custar a própria vida. Essa é a realidade de quem está na linha de frente, e quem realiza a perícia em um local de confronto precisa considerar esse contexto ao avaliar se houve excesso ou não.

No fim, a perícia precisa ser completa, imparcial e técnica: registrar cada vestígio, cada disparo, cada mancha de sangue, cada cápsula. Só assim se garante que, caso surjam questionamentos futuros, a verdade dos fatos esteja bem documentada, seja para confirmar a conduta correta do policial, seja para apontar eventual abuso, se houver.

PERÍCIA EM LOCAL DE HOMICÍDIO COM SUSPEITA DE BOMBA OU ROUBO DE CAIXA ELETRÔNICO

Atender uma ocorrência relativa a roubo de caixa eletrônico ou suspeita de explosivos exige cautela redobrada. É comum encontrar agências bancárias completamente destruídas, já que os criminosos utilizam grande quantidade de explosivos para abrir os cofres. Por isso sempre existe o risco de haver material explosivo remanescente no local, o que torna indispensável acionar o Grupo de Ações Táticas Especiais, Gate, equipe especializada da Polícia Militar para manejo de artefatos explosivos.

Lembro-me de um caso que ilustra bem esse tipo de situação: fomos periciar um veículo relacionado a um homicídio, o carro usado na execução de um policial militar. O veículo foi abandonado próximo ao local do crime, mas, ao verificar o interior, encontramos uma granada de fragmentação deixada sobre o banco. A presença de um artefato desse porte traz o risco de armadilha: poderia existir algum mecanismo improvisado para detonar assim que a porta fosse aberta ou o carro fosse movido.

Diante disso, não há alternativa: toda a área é isolada, moradores de residências próximas são retirados, ou confinados se não puderem sair, e ninguém se aproxima até a chegada do Gate. É um trabalho minucioso, que a perícia não acompanha de perto, o perímetro de segurança é absoluto. A equipe do Gate examina cada detalhe: procura fios, gatilhos, armadilhas escondidas. Só depois de eliminar qualquer risco é que o local é liberado para continuidade dos trabalhos.

Nesse caso específico, a granada ainda estava com o pino de segurança intacto. Após a liberação do local, nossa equipe pôde fotografar e medir o artefato, registrar marca e numeração e coletar outros vestígios, como impressões digitais no interior do carro. Todo o material explosivo fica sob responsabilidade do Gate, que geralmente não armazena esse tipo de artefato – realiza uma detonação controlada em local seguro.

Esse episódio estava ligado a um crime grave: a execução de um policial militar em Osasco. Os criminosos fugiram em um Honda Fit prata, informação que o Copom repassou imediatamente para todas as viaturas da região. Sabendo que a probabilidade de abordagem era alta, eles abandonaram o veículo a poucos quilômetros do local do homicídio e trocaram de carro para despistar a polícia. Essa tática é bastante comum em crimes bem planejados: o primeiro carro é descartável, usado na ação principal e rapidamente substituído, para dificultar o rastreamento.

No contexto da perícia, situações desse tipo exigem paciência e protocolos de segurança rigorosos. Nenhum exame é iniciado enquanto há qualquer risco de explosão; toda ameaça precisa ser neutralizada por equipes treinadas especificamente para isso. Só depois dessa liberação a perícia retoma o trabalho: mapeia vestígios, coleta impressões digitais, documenta os artefatos explosivos e reconstrói a sequência dos fatos, seja em um roubo de caixa eletrônico, seja em um homicídio envolvendo o uso de material bélico.

PERÍCIA EM LOCAL DE HOMICÍDIO COM MORTE DE POLICIAL

De modo geral, quando um policial é abatido, ele é socorrido imediatamente. É raro encontrar um policial morto exposto na via pública; isso faz parte de um cuidado institucional para não expor a imagem da corporação. Muitas vezes, quando há uma viatura envolvida, ela é coberta ou retirada rapidamente, pois o impacto de ver um símbolo de proteção transformado em vítima é muito forte.

Quando um policial é atingido, fardado ou à paisana, a primeira providência de quem chega é acionar o socorro – Samu, Bombeiros e a própria PM por meio do Centro de Operações da Polícia Militar, o Copom –, que costuma agir com grande rapidez; em poucos minutos o local já está cercado por equipes. O policial, quando possível, é removido para atendimento médico, enquanto o local do crime fica preservado para a perícia, que analisa o que permanece: projéteis, cápsulas, vestígios de sangue, marcas de tiros na viatura ou em estruturas próximas.

De modo geral, quando um policial fardado morre em serviço, a ocorrência mobiliza um contingente muito maior do que em outros casos de homicídio. É comum ver várias viaturas preservando o local, isolando a área e impedindo a aproximação de curiosos. Existe uma comoção natural: colegas de farda querem entender o que ocorreu, oferecer apoio e garantir que nada prejudique a investigação.

No caso de um policial de folga, a dinâmica pode mudar um pouco. Dependendo das circunstâncias, ele pode ser encontrado ainda no local. Mas o procedimento segue o mesmo princípio: rápida remoção para atendimento médico, sempre que possível. O levantamento técnico da cena precisa ser feito com o máximo de cuidado, mesmo sem a vítima presente. Por isso o perito deve concentrar o trabalho em registrar todos os vestígios físicos: trajetória dos disparos, posição das cápsulas, pontos de impacto, manchas de sangue, câmeras de segurança e possíveis testemunhas.

Pela lei, segundo o Código de Processo Penal, o delegado da área deve comparecer ao local para tomar as primeiras providências. Na prática, com o efetivo reduzido nas delegacias, muitas vezes essa função é repassada a um investigador. Em datas especiais – feriados, grandes eventos como o Carnaval –, o DHPP mantém equipes de plantão fixo e de sobreaviso, que podem ser acionadas em caso de ocorrências de grande repercussão ou em crimes em série.

Já houve casos em que o crime aconteceu na porta de um comércio, como uma farmácia. Ainda assim, o procedimento é o mesmo: socorro imediato, isolamento reforçado e presença policial intensa. Um detalhe importante é que, quando o policial está em serviço, dificilmente está sozinho. A presença de um parceiro agiliza o pedido de reforço e ajuda a esclarecer rapidamente a dinâmica do crime.

Quando o policial está à paisana, nem sempre é identificado de imediato. Geralmente a confirmação vem quando encontram a arma funcional, a identidade de serviço ou quando colegas chegam ao local e reconhecem a vítima.

A remoção rápida do corpo, apesar de limitar a análise detalhada das lesões ali mesmo, é compensada pelo exame necroscópico no IML, que complementa a reconstituição dos fatos. No entanto, manter o local preservado, sem alterações e livre de curiosos, é essencial para garantir a coleta de provas confiáveis e esclarecer o crime com precisão.

Por fim, é natural, em casos assim, que toda a corporação se mobilize para identificar os autores o mais rápido possível. Matar um policial é um crime de grande repercussão e impacto, tanto para a segurança pública quanto para a percepção da sociedade.

PERÍCIA EM LOCAL COM CRIMES SEXUAIS

Os crimes sexuais representam um desafio particular para a perícia: muitas vezes, o ato em si não deixa vestígios claros ou eles desaparecem rapidamente. Lesões externas na região genital, como pequenas escoriações ou áreas avermelhadas, podem ser observadas se a vítima buscar atendimento médico logo depois, mas nem sempre resistem ao passar do tempo. Por isso o trabalho do perito se apoia em uma investigação detalhada de vestígios complementares.

Em alguns casos, o agressor provoca outras lesões para impor dor ou satisfazer a própria crueldade. Já atendi uma ocorrência em que o criminoso mordeu os mamilos da vítima, causando sangramentos evidentes, um indicativo claro de violência além da conjunção carnal. Nessas situações, cada detalhe deve ser registrado: fotografar as lesões, coletar vestígios de fluidos, fios de cabelo ou pelos que possam conter material genético.

A coleta de sêmen dentro do corpo da vítima é feita exclusivamente pelo IML, por meio de exame perinecroscópico. O perito de local não coleta material intravaginal, anal ou oral; sua atuação se limita a vestígios externos. Se houver resquícios visíveis em roupas ou lençóis, a perícia recolhe e embala para análise de DNA. É comum encontrar sêmen ou outros fluidos em peças íntimas, cobertores, estofados ou até no piso, dependendo de onde o ato ocorreu.

Outro ponto essencial é mapear o local de forma lógica. Se a vítima relata ter sido violentada no sofá, é justamente ali e no entorno que se faz a busca minuciosa, usando luz forense (ultravioleta) para detectar fluidos orgânicos, mesmo quando já estão secos. Uma lanterna de luz rasante também ajuda a localizar fios de cabelo ou fibras estranhas. Já encontrei casos em que uma peça de roupa foi usada pelo agressor para se limpar; por isso toda a roupa da vítima deve ser cuidadosamente examinada e embalada.

Além disso, a perícia procura qualquer elemento que possa ajudar a identificar o autor: impressões digitais, objetos esquecidos, arma branca usada para ameaçar, sinais de luta ou de desordem no local. Muitas vezes o agressor se fere durante o ato ou ao conter a vítima, deixando vestígios de seu sangue.

Em casos de estupro seguido de morte, a experiência mostra que, na maioria das vezes, o autor é alguém próximo: vizinho, parente ou conhecido da vítima. Quando o corpo é encontrado com o rosto ou partes íntimas cobertas, isso reforça a hipótese de vínculo, sugerindo que o agressor tentou, simbolicamente, "apagar" o ato. Em contrapartida, em áreas de mata ou terrenos baldios, é comum a vítima ser abandonada longe do local da agressão, o que aponta para um crime oportunista, geralmente cometido por alguém sem relação direta com ela.

Um ponto importante é a tipificação: para a perícia, o fato é registrado tecnicamente como homicídio com indícios de violência sexual. A confirmação de estupro exige outros elementos: lesões compatíveis, sinais de resistência, roupas rasgadas ou invertidas, resquícios de sêmen no corpo ou nas roupas. Mesmo assim, a presença de sêmen, isoladamente, não comprova estupro; pode haver relação consentida antes do homicídio. A responsabilidade de tipificar o crime no inquérito e na denúncia judicial é da autoridade policial.

Em ambientes como motéis, é preciso ter um cuidado extra com o excesso de resíduos orgânicos preexistentes. Mesmo que a roupa de cama seja trocada, a luz forense revela fluidos de relações anteriores, o que pode confundir a análise. Por isso, é fundamental cruzar as informações com o relato da vítima ou de testemunhas sobre o local exato dos fatos.

Já atendi caso em área de mata em que a vítima foi arrastada por alguns metros até um ponto mais isolado. A calcinha foi encontrada a certa distância do corpo, havia roupas rasgadas, sinais claros de agressão física e mordidas nos mamilos. É o tipo de cena que exige um levantamento minucioso: registrar a trilha de arrasto, documentar todos os vestígios ao longo do percurso e preservar o máximo de evidências para ajudar a vincular o autor ao crime.

No fim das contas, a perícia em crimes sexuais é uma combinação de técnica e paciência. Cada fibra, cada marca e cada gota de fluido pode ser decisiva para esclarecer o caso. Quando o laudo de DNA confirma a autoria, é sempre motivo de satisfação: significa que cada detalhe foi observado, cada coleta foi feita com precisão, e a verdade veio à tona.

PERÍCIA EM LOCAL DE HOMICÍDIO SEGUIDO DE SUICÍDIO

Crimes de homicídio seguidos de suicídio normalmente têm o mesmo padrão: um homem mata a companheira ou ex-companheira e, em seguida, tira a própria vida. Em geral o gatilho é a não aceitação da perda; o homem não tolera ver a mulher seguindo em frente, feliz, em outro relacionamento ou simplesmente superando o término. E, incapaz de lidar com essa realidade, ele comete o homicídio e depois o suicídio.

Nem sempre esse tipo de crime ocorre logo após a separação. Já vi casos em que o casal estava separado havia mais de um ano, mas bastou o homem ver a ex retomando a vida para o desequilíbrio emocional vir à tona. É um comportamento típico de relação tóxica, em que o agressor enxerga a parceira como propriedade: se não é dele, não será de mais ninguém. Esse sentimento de posse costuma ser o ponto de partida para a tragédia.

Na prática, esse crime acontece, na maioria das vezes, em locais reservados – muitos acabam em motéis. O autor convence a vítima a aceitar um último encontro, sob o pretexto de uma conversa de despedida, e dentro do quarto executa o crime. Ocorrências em via pública são mais raras; quando acontecem dentro de casa, é comum o agressor usar algum argumento para conseguir acesso ao imóvel.

Durante a perícia, é fundamental analisar cada detalhe: posição dos corpos, armas utilizadas, sinais de luta ou defesa. Quando há uma carta de despedida, o material é recolhido para exame grafotécnico, para confirmar se foi realmente escrita pelo autor ou se foi forjada para encobrir outro crime. Já vi situações montadas para simular suicídio: a suposta carta, a arma colocada na mão da vítima, mas com sinais que não condiziam com a dinâmica real.

Geralmente outros detalhes revelam o estado mental do autor: alianças e objetos pessoais deixados organizados, banquinhos posicionados para facilitar o acesso a locais altos ou sinais claros de planejamento da própria morte logo após o homicídio. Uma vez atendi o caso de uma mulher que, depois de um conflito extremo, subiu até o terraço de um prédio e se jogou, deixando todos os pertences cuidadosamente arrumados sobre uma mesa ao lado.

Uma característica marcante é que, nesses casos, a violência parte quase sempre do homem. Nunca atendi uma ocorrência em que uma mulher tenha matado o companheiro e se suicidado em seguida. Do ponto de vista fisiológico, isso se explica em parte: a agressividade está mais relacionada ao perfil hormonal masculino, o que se reflete nesses padrões de violência extrema.

Para o perito, a investigação técnica segue o protocolo de um homicídio, mas com o elemento adicional do suicídio. O trabalho é definir a ordem dos fatos, confrontar a dinâmica com os vestígios do local – manchas de sangue, posição de armas, disparos, marcas de luta – e fornecer à investigação todos os elementos que confirmem ou contrariem a versão apresentada. A tipificação final é feita pelo delegado, mas cabe ao perito garantir que cada detalhe físico esteja documentado com precisão.

No fim das contas, esse tipo de crime expõe uma realidade triste: muitas mortes poderiam ser evitadas se a sociedade reconhecesse a tempo os sinais de um relacionamento abusivo. Para a perícia, resta o compromisso de registrar cada evidência com rigor, a fim de garantir que a verdade seja esclarecida e que não se confunda homicídio com uma encenação mal montada.

PERÍCIA EM LOCAL COM PRÁTICA DE PARAFILIAS

Na perícia criminal é raro, mas não impossível, encontrar locais de crime ligados a parafilias – comportamentos sexuais desviantes, em que o prazer não vem apenas do ato sexual, mas de situações, objetos ou práticas fora do comum. Entre os exemplos estão a zoofilia (sexo com animais), a necrofilia (ato sexual com cadáveres), o fetiche por fluidos ou excrementos, a fixação por partes específicas do corpo ou cheiros, e o sadismo extremo, que em casos mais graves pode resultar na morte da vítima.

Nem toda parafilia configura crime. Algumas práticas ocorrem de forma consensual entre adultos. O problema surge quando há violação de direitos, abuso ou risco à vida, como na pedofilia, um crime gravíssimo e cruel, no qual o prazer é obtido pela visualização ou produção de material que envolve crianças.

Um caso marcante que atendi, ligado a esse universo de desvio, foi o chamado caso do tambor. Um homem, depois de terminar com a namorada, quis reatar o relacionamento, mas ela exigiu uma "prova de amor". Para isso ele levou outra jovem para sua casa; a nova namorada se escondeu dentro de um armário e assistiu à execução da vítima. Depois o autor ocultou o corpo dentro de um tambor azul de plástico, transportou-o de bicicleta até a Zona Norte de São Paulo e abandonou o tambor ao lado de uma igreja. Para não deixar rastros, descartou o colchão e o travesseiro usados no crime em um ponto de despejo de lixo na comunidade Elisa Maria. Fiz a perícia tanto no tambor quanto na residência do autor, onde tudo aconteceu.

O detalhe mais perturbador desse caso foi a participação indireta da nova namorada, que, ao se esconder para assistir à cena, revelou um comportamento *voyeur*, outro exemplo de parafilia.

Em termos de necrofilia, felizmente nunca fui chamado para uma perícia em um caso direto. No entanto já tomei conhecimento de ocorrências relativas a violação de túmulos, em que autores desenterravam corpos relativamente recentes para praticar abuso sexual com o cadáver. Também já houve casos de funcionários de necrotério que cometeram vilipêndio de cadáver. Quando isso ocorre, a perícia precisa comprovar a violação: verificar o túmulo, avaliar o estado do caixão, identificar sinais de abertura forçada e realizar uma nova perícia no corpo.

Outro exemplo que mostra o risco de parafilias extremas é o de práticas de masoquismo que saem do controle. Lembro-me de um caso, não foi meu, mas acompanhei de perto o relato, em que duas mulheres praticavam sexo com forte componente de dominação e submissão. Usavam bolas de plástico na boca, amarrações nos pulsos e restrição total de movimentos. Uma delas acabou morrendo por asfixia, pois, imobilizada, não conseguiu remover a bola da boca. Em situações assim, a perícia analisa as amarras, a posição do corpo, os objetos usados (cordas, algemas, mordaças) e os vestígios de luta ou tentativa de se soltar.

Nos casos de parafilias em que há violência ou morte, o papel do perito é reunir provas que mostrem com clareza o cenário: como o ato aconteceu, quais instrumentos foram usados, se houve consentimento ou se a vítima foi submetida à força e se houve excesso que levou a um homicídio, culposo ou doloso. Na maioria das vezes, vestígios corporais, como marcas de contenção, hematomas, fraturas, e objetos encontrados no local são fundamentais para confirmar a dinâmica e ajudar o delegado a tipificar o crime corretamente.

No fim das contas, o trabalho da perícia é assegurar que, por mais estranho ou chocante que seja o contexto, a verdade técnica esteja bem registrada para que o crime, se houver, seja esclarecido e punido de acordo com a lei.

PERÍCIA DE HOMICÍDIO COM ENFORCAMENTO E SUFOCAÇÃO

Na perícia, é fundamental diferenciar as asfixias mecânicas externas. Esganadura ocorre quando a vítima é asfixiada pelas mãos – o agressor aperta o pescoço até interromper a circulação sanguínea ou a passagem de ar. Estrangulamento é semelhante, mas feito com um objeto: corda, cinto, fio ou lenço. Já o enforcamento ocorre quando o próprio peso da pessoa provoca a constrição, geralmente com um nó fixo, com a vítima total ou parcialmente suspensa. A suspensão total se dá quando o corpo fica completamente pendurado, e a parcial, quando a vítima ainda toca o chão, fica ajoelhada ou quase sentada, mas não consegue interromper a constrição, porque perde a força rapidamente. Isso ocorre porque a compressão bloqueia o fluxo de sangue oxigenado para o cérebro, e em poucos minutos a pessoa perde a consciência.

Já atendi vários casos de suspensão parcial: a vítima encostada, com os pés no chão, mas sem condições de se libertar. É uma morte relativamente rápida, mas não instantânea.

Além disso, existem outras formas de sufocação. Um exemplo é sufocar alguém usando um saco plástico. A pessoa não consegue renovar o ar, o nível de oxigênio cai, o gás carbônico aumenta e a morte ocorre por hipóxia. Às vezes isso aparece ligado a parafilias, com quem busca sensação de êxtase por sufocamento. O problema é que não raro a pessoa erra o limite e morre.

Lembro-me do caso curioso de um homem que tentou forjar o próprio homicídio. Ele estava cheio de dívidas, aumentou o valor do seguro de vida e decidiu simular um assassinato. Foi para um hotel de alto padrão na região da Avenida Paulista, tomou meio vidro de antialérgico, o que já provocaria sonolência, e misturou com bebida alcoólica, para garantir que apagaria. Amarrou-se com algemas atrás do corpo, colocou um saco plástico na cabeça, prendeu tudo com esparadrapo e tentou várias vezes: encontramos vários sacos no lixo, embalagens de esparadrapo, nota da farmácia. Na última tentativa, conseguiu vedar bem, desmaiou no banheiro e morreu sufocado. Quando a equipe chegou, parecia um homicídio, por isso o DHPP foi acionado. Mas a investigação mostrou que se tratava de uma fraude para o seguro, que, aliás, não pagou nada.

Outra situação foi a de um homem que morreu por descuido, totalmente embriagado. Ele usava um cordão com a chave do portão pendurada. Chegou em casa tão bêbado que não conseguiu abrir o portão, tentou pular, escorregou, o cordão prendeu na estrutura e estrangulou o pescoço. Não bloqueou a via aérea, apenas a circulação sanguínea. Foi uma morte acidental, mas que inicialmente levantou suspeita.

Em casos assim, o papel do perito é analisar as marcas no pescoço, a posição do nó, o tipo de amarração, a posição do corpo e sinais de defesa. Verificar se há indícios de briga, arranhões na tentativa de fuga ou marcas de contenção. Se for um enforcamento típico, é praticamente certo que seja suicídio. Mas, se surgirem sinais de luta ou inconsistências, existe a possibilidade de homicídio disfarçado de suicídio.

Já a sufocação autoerótica é outra situação possível: a pessoa bloqueia a respiração de forma intencional para intensificar o prazer sexual, mas perde o controle e acaba morrendo. É raro, mas acontece.

No fim das contas, seja esganadura, seja estrangulamento ou enforcamento, cada detalhe do local fala muito: posição do corpo, altura do ponto de fixação, marcas de apoio no chão. É a soma desses elementos que permite fechar o laudo técnico com segurança e definir se foi homicídio, suicídio, acidente ou uma prática de risco que terminou em tragédia.

PERÍCIA EM LOCAL DE PRECIPITAÇÃO OU QUEDA

Quando pego um caso de queda ou precipitação, o primeiro passo é entender a dinâmica: de onde a vítima caiu, qual era a altura e qual foi a distância horizontal percorrida do ponto de queda até o solo. Esses dados ajudam a esclarecer se a pessoa pulou, se caiu acidentalmente ou se foi empurrada.

Na prática, aplico física básica: a gravidade é sempre 9,81 m/s^2. Sabendo a altura, calculo o tempo de queda. Com a distância horizontal, calculo a velocidade que a vítima tinha ao se lançar – isso indica se ela correu e se jogou, se apenas escorregou ou se foi empurrada.

Um caso que ilustra isso muito bem aconteceu na Santa Ifigênia, no centro de São Paulo. Um homem caiu de uma janela com parapeito alto. Se tivesse sido empurrado, cairia quase em linha reta, bem na calçada. Mas ele caiu no meio da rua, ou seja, houve um deslocamento horizontal considerável. Fiz os cálculos: para percorrer aquela distância, ele precisaria de um impulso de uns cinco ou seis quilômetros por hora, a velocidade de uma corrida leve. Conclusão: ele correu e pulou; foi suicídio, não homicídio. Registrei tudo em fotos, medi altura e distância, documentei os cálculos e entreguei o laudo complementar que faltava.

Agora, não adianta querer tirar conclusão sem dados. Já peguei um caso parecido em que não fotografaram a posição do corpo nem mediram a distância do prédio até o ponto de impacto. A vítima ainda foi socorrida. Aí não tem milagre: sem marcação, sem medidas, não dá para fazer um laudo confiável.

Outro caso marcante foi o de uma mãe que jogou o próprio filho do prédio e depois pulou atrás. Era um conjunto com dois blocos afastados, e no meio um pátio de pedras. Ela lançou o menino, que devia ter uns sete ou oito anos, pela janela e logo em seguida se atirou. Ela bateu de cabeça direto no chão. O impacto foi tão forte que abriu a coluna, rasgou toda a pele das costas e espalhou fragmentos de crânio a mais de dez metros. Sangue e massa encefálica espirraram até nas paredes dos dois blocos, mesmo com a distância entre eles. Foi uma cena chocante. Pelo que soube, aconteceu depois de uma briga com o marido; um surto de loucura, porque não é normal uma mãe fazer isso.

Situações assim exigem uma análise fria: documentar cada detalhe, fotografar, medir, entender a trajetória, calcular o deslocamento. E, principalmente, registrar tudo tecnicamente, sem julgamento. O laudo precisa responder se foi queda acidental, suicídio, homicídio ou homicídio seguido de suicídio – cada detalhe faz diferença para a investigação.

PERÍCIA DE HOMICÍDIO EM LOCAL DE AFOGAMENTO

Na área forense, o afogamento é considerado uma forma de asfixia em meio líquido – pode ser água, tanque de combustível ou até líquidos como álcool ou gasolina. O processo é o seguinte: primeiro vem o susto. A vítima prende a respiração até onde consegue, mas, quando não aguenta mais, inspira fundo, enche os pulmões de líquido e perde a consciência. O coração ainda pode continuar batendo por alguns minutos, mas sem oxigênio não há como reverter. Externamente, o sinal mais comum é a cianose: lábios e extremidades arroxeados pela falta de oxigênio.

Normalmente o corpo afunda logo em seguida, porque perde o ar dos pulmões e fica mais pesado que a água. Só volta à superfície depois de alguns dias, quando a putrefação gera gases que fazem o corpo boiar – isso, claro, se não ficar preso em galhos ou pedras no fundo.

Na Represa Billings atendi vários casos desse tipo. A equipe do Núcleo de Crimes Contra a Pessoa, o conhecido "Sangue", lidava com tudo: de acidentes a homicídios. Muitas vezes, quando alguém desaparecia, já era mapeado onde o corpo poderia surgir – o vento e as correntes costumam carregar para longe do ponto de queda. No caso de Mércia Nakashima, por exemplo, o corpo foi encontrado na margem oposta da represa de Nazaré Paulista, levado pelo vento enquanto boiava.

Outro ponto importante é a ação da fauna aquática: peixes pequenos começam a se alimentar de partes mais expostas, como pálpebras, lábios e orelhas, acelerando a deterioração do corpo.

No laudo, é essencial diferenciar um acidente de um crime. Verificamos sinais de queda, pancadas na cabeça ou marcas de agressão. Lembro-me de um caso bem peculiar: uma mulher foi encontrada boiando em uma piscina, com uma pedra amarrada ao pescoço.

Nesse caso, acompanhei a autópsia, porque tudo indicava homicídio. O legista pesou os pulmões: estavam muito acima do peso normal, cheios de água, sinal de que ela ainda estava viva quando entrou na piscina. Se tivesse sido morta antes, os pulmões teriam bem menos líquido. Esse detalhe foi decisivo para afastar, de imediato, a hipótese de simulação de crime.

Na investigação, soube que havia uma briga de família por causa da casa – inclusive um filho que não trabalhava, vivia à custa dela. Havia suspeitas, mas não acompanhei o desfecho. Para mim, como perito, o essencial era esclarecer se foi acidente, suicídio ou homicídio. Nesse caso, pelo cenário e pelo exame dos pulmões, tudo indicava homicídio.

Em resumo: em um afogamento, não basta "achar o corpo na água". É necessário medir sinais externos, acompanhar o exame interno, entender a dinâmica do local e cruzar tudo com o histórico da vítima. Cada detalhe ajuda a responder: caiu, jogou-se ou foi jogada?

PERÍCIA DE HOMICÍDIO EM LOCAL COM ARMA DE FOGO

Quando se fala em homicídio por arma de fogo, lidamos com vários tipos: revólver, pistola, fuzil, espingarda, arma automática ou semiautomática. Cada uma deixa vestígios bem característicos.

A espingarda, por exemplo, é uma arma de caça. Sua munição é de carga múltipla, os chamados balins ou bagos, que se espalham ao sair do cano. Para caçar animais pequenos, usa-se chumbo mais fino; para animais maiores, balins mais pesados. Em crimes, o mais comum é o SG, que carrega nove balins do tamanho de um projétil calibre .38. Na prática, a vítima recebe o equivalente a nove tiros de uma vez. Já vi casos em que os disparos transfixaram o corpo. Uma vez, na Zona Norte, atendi um homicídio com SG: os tiros entraram na frente do peito e saíram nas costas, alguns próximo ao ombro.

Quando o disparo é feito com balins menores, normalmente tudo fica alojado dentro do corpo. O exame de raios X no IML mostra claramente: uma chuva de pontinhos brilhantes espalhados pelo tecido. E vale lembrar: espingarda não permite confronto balístico, porque o cano é liso e não deixa marcas no projétil – diferentemente de armas de cano raiado.

Fuzil é outra história: é uma arma de alta energia, com perfuração pequena na entrada e um estrago enorme na saída. Já atendi um caso de tiro de 7.62 na cabeça que deixou o crânio praticamente oco; o cérebro foi pulverizado. Se atinge braço ou perna, chega a arrancar o membro. É um tipo de arma que, dependendo do calibre, tem um poder de destruição impressionante.

O revólver ainda é bastante usado, embora tenha perdido espaço por ter menor poder de fogo. Funciona em dupla ação: o gatilho puxa o cão, que volta com força e detona a munição. A precisão não é grande, mas a curta distância é bem eficiente. Já a pistola semiautomática pode ter ação simples ou dupla. Depois do primeiro tiro, o ferrolho recarrega e arma o cão, deixando tudo pronto para o disparo seguinte. É rápida, mais precisa que o revólver e, hoje, a arma mais comum nos homicídios em São Paulo.

Já peguei caso de submetralhadora, que dispara até mil e duzentos tiros por minuto, cerca de vinte tiros por segundo. Um alvo atingido por esse tipo de arma vira literalmente uma peneira. Lembro-me de um caso referente a roubo a banco: o assaltante voltou do Nordeste, descobriram onde ele estava e foram lá acertar as contas. Só na altura do queixo contei três perfurações coladas. A vítima apresentava inúmeras perfurações, e era responsabilidade do IML determinar com precisão a quantidade de lesões, já que o projétil de calibre 9 milímetros é, em geral, transfixante, ou seja, atravessa o corpo, o que dificulta a contagem exata no local.

E, claro, na perícia analisamos tudo: orifício de entrada, trajetória, agrupamento dos tiros. Cada arma deixa um padrão específico. Quanto maior o calibre, maior o recuo, e mais habilidade o atirador precisa ter para manter a mira firme. Por isso, pistolas 9 milímetros e .40 são as favoritas: têm energia alta, bom poder de parada e recuo dentro do controle. Já armas como a 500 Magnum são um exagero para uso urbano – foram projetadas para caçadores se defenderem de ursos. Na rua, só um atirador muito bem treinado consegue usá-la com precisão.

Como perito, ando armado; tenho porte funcional. Uso uma arma do Estado, uma Glock, e tenho também um .38 particular. Se trabalhasse em equipe tática, como o GOE ou o Garra, além da pistola teria fuzil, espingarda e carabina, cada arma para uma situação específica.

Na cena do crime, observo sempre: estojos no chão, tipo de munição, distância do disparo, agrupamento dos tiros. Tudo isso ajuda a reconstruir a dinâmica e a indicar se foi execução, confronto ou crime passional. Cada detalhe – vestígios de pólvora, orifícios de entrada e saída do projétil – faz diferença para a investigação ser bem conduzida.

PERÍCIA DE HOMICÍDIO COM INSTRUMENTOS CONTUNDENTES, CORTANTES, PERFURANTES OU MISTOS

Quando falamos de arma branca, estamos nos referindo a qualquer instrumento com lâmina – faca, peixeira, punhal – ou mesmo a um objeto improvisado, desde que tenha mais de dez centímetros de lâmina. Um canivete pequeno, por exemplo, não é considerado arma branca pela lei, mas, na prática, se bem usado, também é capaz de matar.

A lâmina pode ser monogume (fio de um lado e costas do outro) ou bigume (fio dos dois lados), quando tem mais de um gume ativo, como em facas de caça ou adagas especiais. Esse detalhe altera o tipo de corte na pele e ajuda o perito a identificar que arma foi usada.

A faca é o exemplo mais versátil: pode cortar, perfurar ou até causar lesão contusa, dependendo de como for usada. Se eu deslizo a lâmina, faço um corte inciso. Se cravo a ponta e empurro, gero uma lesão perfuroincisa. Se bato com o cabo, provoco uma contusão. Já fiz laudo em que o assassino usou a parte de trás da faca para espancar a vítima antes de esfaquear.

Um machado, por exemplo, causa uma lesão cortocontusa: a lâmina corta a pele, mas ao mesmo tempo o impacto pesado gera contusão. Da mesma forma ocorre em caso de pancadas com barra de ferro ou pedaço de madeira: é contuso, mas, se tiver quina, pode cortar ou rasgar, formando uma lesão cortocontusa.

Há, ainda, a lesão punctória, que é só perfurante, como a de uma flecha ou agulha: perfura, mas não corta. E a perfurocontusa, que é clássica da arma de fogo: o projétil perfura a pele sem cortar e rasga por força bruta.

No local do crime, sempre tentamos identificar o instrumento pelo tipo de ferida. Faca deixa borda lisa; machado marca corte com sinal de impacto. Barra de ferro, taco de beisebol e pedaço de pau geram contusão, e às vezes corte se tiverem aresta viva. É olho treinado e exame detalhado.

Já vi de tudo. No caso Richthofen, por exemplo, ficou claro que não era tiro. A cabeça de Marísia estava irreconhecível, esfacelada. Depois Daniel Cravinhos confessou: produziu um bastão de madeira reforçado com cantoneiras de metal para aumentar o peso. O estrago mostrou bem a força bruta misturada ao corte causado pelas quinas de metal.

Também me lembro de um caso de peixeirada na Marginal do Tietê: o homem levou mais de cinquenta golpes de peixeira, do queixo até a clavícula. Toda a região da garganta e do peito foi destruída. Arma branca é mortal, ainda mais quando o agressor sabe usar.

Muitas vezes a arma branca costuma ser mais temida que a arma de fogo, uma vez que ela é mais acessível.

Aliás, essa é a grande vantagem da arma de fogo: neutraliza o agressor a distância. A faca exige contato físico, briga corpo a corpo. Por isso muito homicídio com faca é crime de impulso, briga de bar, discussão de casal, momento de raiva.

Já soube de assassinato com o uso de barra de ferro, bastão, chave de roda. Qualquer objeto vira arma se bem utilizado. Em geral o homem mata mais que a mulher. Quando a mulher mata, costuma usar veneno ou arma de fogo, se tiver acesso. Faca até usa, mas é menos frequente. Quando acontece, geralmente é crime passional: ciúme, traição, violência doméstica.

No fim das contas, para a perícia cada lesão conta uma história: tipo de instrumento, forma de uso, força aplicada, trajetória dos golpes. Tudo isso ajuda a reconstituir o que aconteceu e mostra que quem mata de perto não economiza violência.

CASO DE SUICÍDIO NO SHOPPING ELDORADO

Esse caso aconteceu em setembro de 2012, em um banheiro do subsolo do Shopping Eldorado. Eu estava de plantão com a Equipe do Sangue (como já foi dito, assim é informalmente conhecido o Núcleo de Perícias de Crimes Contra a Pessoa). Isso porque sempre que há vestígios de sangue em uma cena, essa é a equipe acionada. Quem trabalha com crimes contra a pessoa costuma dizer com orgulho: "Eu sou do Sangue". Assim que eu e o fotógrafo Willian de Cassio Ribeiro da Silva chegamos, já estranhamos a cena: um corredor isolado, um biombo improvisado e um segurança barrando a entrada de curiosos.

Fizemos o procedimento padrão: análise da arma, coleta dos cartuchos; havia munição intata e cápsulas deflagradas. A partir daí, comecei a verificar o que chamamos de área de eleição, fundamental para confirmar se foi mesmo suicídio.

Tudo indicava suicídio. O homem portava documentos, não havia sinais de luta nem nada fora do lugar. O que chamou atenção foi o local: um shopping. Provavelmente ele não quis morrer em casa para não deixar essa marca para a família. Preferiu um ambiente impessoal.

Testemunhas contaram que ouviram dois tiros. Isso não é tão raro: às vezes o suicida testa a arma antes, dispara na porta, na parede, cria coragem e aí sim atira em si mesmo. Já vi acontecer. Também pode acontecer de o primeiro disparo não ser fatal e a pessoa ainda ter força para dar o segundo.

Outra dúvida comum é sobre a mão que segura a arma: "Ah, mas ele era canhoto, o tiro foi com a direita". Isso não prova nada, pois muitas pessoas são ambidestras. Não dá para afirmar que o canhoto só atira com a esquerda.

No mais, tudo transcorreu de forma organizada. O shopping ainda estava fechado ao público. Quando chegamos, já havia sido reaberto, mas o corredor estava bem isolado, com segurança na porta do banheiro orientando quem se aproximasse. O local foi bem preservado, sem tumulto.

No final, o laudo confirmou suicídio, sem indícios de crime ou de participação de terceiros.

CASO DE ESQUARTEJAMENTO NA CONSOLAÇÃO

Um homem apareceu esquartejado nos arredores do Cemitério da Consolação, centro de São Paulo. Dias depois encontraram a cabeça dele abandonada na Praça da Sé, o que gerou grande comoção.

A cabeça já estava em decomposição. Fizemos um retrato falado digital no DHPP para tentar reconstruir o rosto. O material ajudou na identificação da vítima: um motorista de ônibus, casado, que mantinha um relacionamento com uma prostituta que trabalhava no bordel conhecido como "69", na região central de São Paulo.

No local onde o corpo foi deixado, a perícia encontrou fios de cabelo. A investigação cruzou esse material com imagens de câmeras de segurança, que mostraram algumas mulheres empurrando um carrinho de feira com alguns sacos. Dentro estavam as partes do corpo. Os autores cortaram os dedos da vítima e removeram a pele de uma tatuagem das costas para dificultar a identificação.

A confirmação só veio após a localização da cabeça. A partir daí conseguimos montar o quadro completo. Fizemos uma reprodução simulada para entender a dinâmica: a cabeça foi deixada na Sé, e o restante do corpo foi espalhado próximo ao cemitério, dentro de sacos. Chegamos a vasculhar o interior do cemitério em busca de outras partes, sem sucesso.

A investigação apontou que a amante da vítima planejou o crime. Alegava que queria terminar a relação, mas tinha medo do homem, descrito como forte e imponente. Segundo ela, houve uma briga. Ela o teria embriagado e, depois, o matado com um martelo ou objeto semelhante.

No entanto, tudo indicava que não agiu sozinha. Pelo menos três mulheres participaram. Ela tentou isentar as outras duas, afirmando que só ajudaram a se livrar do corpo. O crime foi consumado dentro do banheiro do prostíbulo. No local do crime foi feito exame com

Luminol, mas deu negativo. A área já havia sido lavada várias vezes. O cenário era degradado, típico de um ambiente urbano abandonado. Descobriu-se depois que a cabeça fora guardada por alguns dias na sacada do apartamento, antes de ser deixada na Sé.

PERÍCIA DE HOMICÍDIO: LUMINOL REVELA O CRIME NO PORTA-MALAS

Esse caso se destacou especialmente pelo uso do Luminol. Na época eu estava na equipe da Delegacia de Pessoas Desaparecidas, ligada à Divisão de Proteção à Pessoa do DHPP. Investigávamos o desaparecimento de uma mulher, e o principal suspeito era o marido. Ele alegava inocência e não havia nenhum indício claro contra ele.

Fizemos uma varredura na casa e aplicamos Luminol em alguns pontos, mas não houve nenhuma reação. Foi quando a fotógrafa Telma Rocha chamou atenção para uma escada lateral – um acesso de serviço que levava a uma parte mais alta do terreno, já que o quintal era em declive. Subi, afastei entulho, pedaços de madeira e, nos fundos, encontrei o carro do suspeito guardado em uma garagem que dava para a rua de trás.

Decidi aplicar Luminol no veículo. O resultado foi positivo: o porta-malas reagiu com intensidade. Em seguida realizamos o teste Feca Cult, que confirmou a presença de sangue humano. Era a evidência que faltava para que a equipe de investigação avançasse.

Com essas evidências, o suspeito confessou. Disse que matou a esposa, escondeu o corpo por alguns dias e depois o levou até uma área de mata em Mogi das Cruzes, próximo a um córrego.

No dia seguinte fomos até o local com ele. Seguimos por uma estrada vicinal e entramos na mata fechada. Sem a confissão, dificilmente o corpo seria encontrado, pois era uma área isolada, sem circulação de pessoas.

O corpo já estava em estágio avançado de decomposição, mas ainda assim foi possível confirmar a identidade e esclarecer os fatos. Esse caso é um bom exemplo da importância da integração entre perícia e investigação: sem o Luminol não haveria prova; sem prova não haveria confissão.

Muitas pessoas acham que basta aplicar Luminol para obter a resposta para o crime. Porém não basta. É preciso planejamento, coordenação com outras equipes e precisão sobre onde aplicar, para não desperdiçar tempo ou material.

Nesse caso, tudo se encaixou. O dado técnico serviu como ponto de virada para elucidar o crime e permitir à família a localização do corpo. A perícia abriu o caminho; a investigação seguiu. No final, o processo todo levou à verdade.

PERÍCIA EM LOCAL DE HOMICÍDIO: O JUSTICEIRO DA BOCA DE LOBO

Esse caso ficou conhecido como "o justiceiro da boca de lobo". Tudo começou quando um homem, que tinha sido furtado, comentou com amigos que sabia quem era o ladrão e que ele mesmo resolveria a situação. Dias depois o suspeito sumiu, mas acabou sendo encontrado dentro de uma boca de lobo, na calçada.

Fomos acionados para fazer a perícia. Olhei pela abertura e já vi o rosto do rapaz... e logo ao lado o pé dele. O corpo estava todo esquartejado ali dentro, em um espaço apertado, escuro e sujo.

Chamaram o Corpo de Bombeiros para abrir a tampa e ajudar na remoção dos pedaços. No meio da rua estendemos o saco de cadáver e fomos montando o corpo ali mesmo, parte por parte, conferindo tudo para registrar.

A papiloscopista que estava na equipe foi um destaque à parte. Muito competente, fez a identificação digital da forma mais prática que já vi:

pegava a mão separada, passava tinta nos dedos, carimbava na ficha, colocava de volta no monte... depois fazia o mesmo com a outra mão. De pé, tranquila, como se fosse rotina. Estranho de ver, mas funcionou.

No fim, ficou claro: ele foi morto, esquartejado e jogado na boca de lobo para tentarem ocultar o crime. Não foi possível determinar o local exato do homicídio ou do esquartejamento, mas pelo menos a identificação da vítima foi garantida; e isso deu base para a investigação avançar.

PERÍCIA DE HOMICÍDIO: DESENTENDIMENTO ENTRE MEMBROS DO PCC

Esse crime envolveu um homem conhecido como Anselmo, mas na marginalidade os apelidos são tantos que é fácil confundir: Anselmo, Cabelo Duro, Pingo d'Água, nomes nada convencionais. O fato é que houve um racha entre alguns membros do PCC.

Dois deles estavam juntos em um carro na Zona Leste de São Paulo, quando um matador foi contratado para eliminá-los. Ele encostou o carro, esticou o braço com a pistola e executou os dois ali mesmo, na rua. Só que não tinha certeza de quem eram as vítimas. Quando percebeu a repercussão, tentou sumir com o carro, levando-o para um desmanche. Mas o PCC já tinha dado ordem para vigiar um Palio preto. Encontraram o homem rapidamente.

Resultado: um dos envolvidos foi esquartejado em Mogi das Cruzes. A cabeça apareceu justamente no local onde Anselmo havia sido morto. Outro corpo, de um comparsa, foi encontrado picado na Zona Leste, perto da Avenida Jacu-Pêssego. Primeiro acharam o tronco; depois, quando eu estava de plantão, localizaram o resto: braços, pernas, tudo separado.

Identifiquei que era a mesma vítima pelos cortes nos braços; não cortaram na articulação, mas no meio do osso, provavelmente com peixeira ou machado. O tênis, as meias, tudo estava dentro de sacos, com forte odor. A cabeça veio enrolada em filme plástico, também embalada, junto com um bilhete. Era claro o recado para todos: polícia, advogado, facção.

Na hora de identificar, o papiloscopista era novato e ficou visivelmente desconfortável ao carimbar dedo por dedo de um braço separado. Peguei o braço e disse: "Planilha isso logo". Sobrou para mim ter de segurar a mão para agilizar. É cena de perícia que ninguém esquece.

Esses crimes de facção sempre carregam uma assinatura: recado explícito para quem pensar em trair ou mexer no dinheiro. Já vi casos ainda piores: por desviar valores, mulher torturada, olhos queimados com vela e enterrada viva, tudo filmado como advertência.

No fim, é assim que o poder paralelo impõe disciplina. Para eles é regra. Para nós é uma barbaridade que a perícia precisa registrar parte por parte, detalhe por detalhe.

FRAGMENTOS, DINÂMICA E CURIOSIDADES: CASOS E LIÇÕES DE UMA PERÍCIA VIVA

Quando se fala em fragmentos de impressão digital, é essencial saber onde procurar. Quem invade uma casa, por exemplo, quase sempre abre a geladeira – mas ninguém põe a mão no puxador. Então, é lógico: a busca de digitais precisa focar onde a pessoa realmente encostou para abrir ou empurrar a porta. É a experiência que mostra isso.

Alguns materiais dificultam a coleta, mas existe um composto plástico com catalisador que, se fosse mais utilizado, permitiria levantar impressões até de superfícies complicadas, como copo plástico. Já fiz teste com papiloscopista: desafiei, apliquei o produto, passei pó depois e lá estava a digital, nítida. Duração? Não dá para dizer com exatidão, mas em corpo morto costuma durar mais que em vivo, porque não há oleosidade nova sendo produzida para sobrepor.

Outro ponto importante é identificar se um corpo foi manipulado. Já percebi casos em que a vítima foi arrastada pelos braços só de observar as dobras na manga da roupa. Se alguém puxa o braço de um morto e solta, o tecido não volta exatamente ao lugar. Esse detalhe pode indicar arrasto ou mudança de posição.

Em uma perícia bem-feita, cada fragmento conta uma história. Muitas vezes corto a roupa da vítima ainda no lugar, exatamente como está, antes de virar o corpo. Se necessário, dou uma leve virada apenas para fotografar o que está por baixo. Esse cuidado preserva informações essenciais: posição original, marcas de arrasto, sinais de luta. Claro, não é uma regra para todo local, tudo depende do contexto, dos vestígios presentes e da experiência de quem está conduzindo o trabalho.

DESOVA DE CADÁVER E LOCAL RELACIONADO: COMO IDENTIFICAR

Identificar um local relacionado, ou seja, um ponto ligado à cena principal do crime, é algo que raramente se descobre sozinho, andando a esmo pelo bairro. Na prática, essa informação quase sempre chega por meio do policiamento ostensivo, principalmente da PM, que circula pela área, recebe relatos de vizinhos e flagra movimentações suspeitas.

Por exemplo: a equipe localiza um corpo em determinado ponto. Alguém comenta ter ouvido barulho de moto minutos antes. Mais adiante, a PM encontra uma moto abandonada em uma rua paralela, a dez quadras dali. Essa moto, nesse contexto, provavelmente está ligada ao crime, mas eu, perito, não tenho como vasculhar o bairro inteiro atrás de pistas. Quem cruza essas informações e aciona a perícia é o patrulhamento.

Outro cenário: a vítima é identificada e surge a informação de onde morava. Chegando à casa, é essencial verificar se ali foi o local da execução. O principal é observar sinais de violência: sangue, móveis fora do lugar, marcas de arrasto. Se não há nada – piso limpo, cama intacta –, é forte indício de que a pessoa foi morta em outro lugar e depois levada para a desova.

Nesses casos, muitas vezes se marca exame de Luminol para confirmar se houve tentativa de limpeza ou remoção de vestígios de sangue. Impressões digitais e outros indícios também podem ser coletados na residência, no carro ou em esconderijos. Mas de novo: quem costuma abrir essas frentes é a polícia, que patrulha, conversa com vizinhos e recebe denúncias.

Já atendi casos de perseguição em que a vítima, por exemplo, foge de moto, cruza passarelas, tenta escapar por ruas onde a viatura não consegue passar, mas acaba alcançada e morta em outro ponto. Nessas situações, cada local – o da fuga, o do encontro da moto, o da morte – é um ponto relacionado que ajuda a contar toda a dinâmica.

E o corpo em si fala muito: posição das roupas, do calçado, estado dos pés e das meias. Se o morto está de meia limpa, sem sapato, em um terreno baldio cheio de terra ou mato, isso indica desova: alguém matou em outro local, transportou e largou ali. Se a calça está puxada, formando bico na barra, se a camisa está toda enrugada na axila, é sinal de que arrastaram o corpo pelo braço ou pela perna.

Cada detalhe é pista: tipo de sujeira, lado do corpo mais limpo, posição em que o cadáver foi deixado. Tudo isso ajuda a entender se a cena é local de homicídio ou apenas ponto de descarte.

No fim, é um jogo de peças: cada vestígio bem analisado encaixa uma parte do quebra-cabeça. E, assim, a investigação avança com base sólida.

PERÍCIA DE HOMICÍDIO EM LOCAL COM CADÁVER EM ESTÁGIO DE PUTREFAÇÃO

Trabalhar com cadáver em putrefação é uma das partes mais difíceis da rotina pericial. Quando o corpo entra na fase gasosa – os primeiros dias de decomposição –, o cheiro é insuportável, ainda mais em ambientes fechados. Depois dessa fase, o odor diminui, mas no início é de afastar qualquer um.

Por isso investi do meu bolso em uma máscara de silicone, que veda bem para quem tem barba ou bigode, junto com filtro próprio para vapores orgânicos e gases ácidos. Assim, praticamente não sinto o cheiro. Não, o Estado não fornece esse tipo de equipamento.

Uma dica que aprendi na prática: improvisar uma tocha de jornal acesa e entrar com ela no ambiente. O fogo dissipa parte do odor por alguns minutos – o suficiente para inspecionar o local e decidir se é um caso que exige perícia detalhada. Muitas vezes, quando o corpo está em decomposição avançada, sem sinais de violência e deitado na cama, não há motivo para manipular. O trabalho de remoção é do IML; a função do perito é registrar a posição, o ambiente e os vestígios.

Vale lembrar: um corpo em decomposição produz cadaverina e putrescina, substâncias geradas por bactérias. Isso é altamente contaminante – se entrar em uma ferida, mucosa ou se for inalado sem proteção, pode causar infecção grave e até levar à morte se não houver tratamento rápido com antibiótico.

Já peguei locais complicados. Uma vez fiz a perícia de um latrocínio com a vítima em decomposição avançada. Esperei o IML remover o corpo para poder entrar no cômodo – mesmo com as janelas abertas, o cheiro era difícil de suportar. Faz parte: quem pericia o corpo é o legista; o perito de local documenta a cena, faz as medições e registra os detalhes.

Uma cena que marcou foi a de uma mulher morta havia seis meses dentro de casa. A família não sentiu falta, a conta de luz foi cortada por inadimplência. Quando entramos, parte do esqueleto já estava exposta, o resto tomado por larvas – os famosos bigatos. Lembro-me da fotógrafa pisando neles para se aproximar do corpo; o barulho era inconfundível. É uma imagem e um cheiro que não saem da cabeça de quem trabalha com isso.

Outro caso: uma mulher jogada na Via Anchieta, em Cubatão. Foi morta com um enforca-gato – uma abraçadeira plástica reforçada. A delegada queria levar a peça como prova na hora, mas quem remove isso é o IML. Precisei cortar o enforca-gato no meio das larvas. Quem já fez isso sabe: as larvas sobem pela luva, e é preciso ficar batendo a mão para se livrar deles. Trabalho pesado.

Em resumo: putrefação não é brincadeira. Faz parte do trabalho, exige preparo físico, mental e equipamento de proteção adequado. E, acima de tudo, saber onde termina o papel da perícia criminal e começa o do IML. Cada um faz sua parte, sem heroísmo, mas com técnica e respeito à cena.

CASOS DE ASSASSINATO EM SÉRIE

Nem sempre dá para perceber na hora que se está diante de um assassino em série. Vou dar um exemplo. Atendi um local onde a vítima estava parcialmente queimada e estrangulada com uma mangueira de chuveiro. Naquele momento, parecia só mais um caso isolado. Dias depois, no DHPP, conversando com colegas, alguém comentou que já tinha visto uma morte parecida, mas em outra rua. Acendeu o alerta: duas vítimas com a mesma característica? Logo surgiu um terceiro caso, atendido por outro perito. Aí não dá mais para ignorar – mesmo modo de agir, sinal claro de um autor em série.

Lembro-me de um colega que pegou um caso de esfaqueamento no Brás, à noite, nada fora do normal para a região. Na semana seguinte apareceu outro, idêntico. Na terceira semana, mais um. Três homicídios com o mesmo padrão, no mesmo trecho. A ficha cai: temos um *serial* em ação.

O problema é que, até juntar tudo, já foram pelo menos duas ou três vítimas. E, se o criminoso muda de bairro ou de cidade, fica ainda mais difícil rastrear. Por isso a troca de informação entre equipes é essencial; é assim que se conecta o quebra-cabeça e se fecha o cerco.

Por esse motivo, qualquer homicídio a gente precisa tratar como um caso importante – pode ser o início de algo muito maior. Já atendi local perto da Cracolândia que, se eu não tivesse feito tudo certo, teria dado dor de cabeça depois, porque a vítima era uma pessoa influente. Mas, na correria, muitos peritos acabam entrando na rotina, fazem o básico e pronto. Isso é arriscado, porque uma morte que parece comum pode ser peça de uma investigação bem maior.

Também há o outro lado: mortes registradas como suspeitas, mas que não têm nada de crime. Já fui atender ocorrência em casa de paciente que estava internado havia seis meses, voltou para a internação domiciliar e morreu na primeira noite. O delegado registrou como morte suspeita. Dá trabalho, toma tempo, mas faz parte.

No DHPP, não há espaço para erro: local é local, precisa ser bem-feito, com tudo documentado, porque cada detalhe pode fazer diferença mais tarde.

Voltando aos assassinatos em série, hoje a tecnologia facilita muito: banco de dados integrado, sistema interligado... Mas há vinte ou trinta anos era tudo no papel. Se o criminoso cometia um crime em distrito e o seguinte em outro, cada distrito tratava como caso isolado. Nem se pensava em cruzar informações. Até hoje existe gente com dois RGs – um do Rio Grande do Sul, outro de São Paulo. Imagine isso antigamente!

Por isso sempre defendi que deveria existir uma inteligência nacional para cruzar esses dados. O policial deveria ter acesso a tudo: tipo de arma, forma de matar, localização das vítimas... Se eu pergunto "quantos casos de estrangulamento com mangueira de chuveiro?", o sistema deveria mostrar na hora. Já aconteceu de, por acaso, alguém comentar no plantão: "Peguei um caso assim", e outro dizer: "Eu também". Só aí se percebe que é o mesmo padrão. Se ninguém fala, ninguém liga os pontos.

Na perícia, a gente tenta identificar esses padrões. Já fizemos mapas de vítimas encontradas em represas, por exemplo. Cinco corpos em um mês? Algo está errado. E ainda há o desafio de descobrir quem é a vítima. Muitos são pessoas desaparecidas que só aparecem meses depois, já irreconhecíveis. Nesses casos, só com exame de DNA para confirmar.

Uma vez encontrei um esqueleto em um terreno baldio com a ajuda de cães da GCM. Perto do corpo havia um saquinho plástico com a carteira e documentos. O policial pegou o RG, conferiu e já ligou a um boletim de ocorrência de desaparecido de dois anos antes. Mas, para confirmar de verdade, só com exame de DNA. Enquanto isso, a família vive uma angústia imensa: sabe que a pessoa sumiu, mas não tem corpo para enterrar.

Por isso, sempre defendi que todo registro de desaparecido deveria incluir a coleta de material genético. Assim, quando surge um corpo, é só cruzar com o banco de dados. O Estado deveria garantir isso, para não deixar famílias presas nessa incerteza.

No fim das contas, lidar com assassinatos em série é exatamente isto: atenção a cada detalhe, cruzar informações com inteligência e não tratar nenhum crime como caso menor.

CONCLUSÃO

Este livro foi escrito para mostrar que a perícia criminal é, antes de tudo, um trabalho a serviço da verdade. Não é uma profissão de glamour ou de soluções instantâneas, como muitos imaginam ao assistir a séries de televisão. É uma atividade silenciosa, muitas vezes invisível, mas que sustenta investigações, protege inocentes e fortalece a Justiça ao traduzir vestígios em respostas.

Cada história contada aqui tem um propósito: compartilhar com você, leitor, o que realmente acontece por trás da fita amarela. Mostrar que o perito criminal não é apenas um técnico, mas também um observador atento, um analista detalhista, um profissional que carrega, todos os dias, o peso da responsabilidade de fazer o certo, mesmo em meio ao caos e ao sofrimento alheio.

Este livro existe para honrar o ofício de todos aqueles que dedicam a vida a essa função essencial. Ele existe para inspirar novos profissionais que desejam trilhar esse caminho, deixando claro que ser perito exige curiosidade, ética, preparo técnico, equilíbrio emocional e uma disposição permanente para aprender. Existe também para a sociedade entender que a perícia não é apenas um passo burocrático em uma investigação, mas uma etapa fundamental para que a justiça seja feita de forma limpa e baseada em fatos, não em suposições.

Quando um perito chega a uma cena de crime, ele é a última esperança de que a verdade seja preservada em cada detalhe. O que se faz ali pode decidir se uma injustiça será evitada, se um autor será responsabilizado ou se uma vítima terá sua história contada com dignidade.

RICARDO SALADA